# 君たち中学生・高校生が学ぶ

## が学ぶ

# 会計

元国際教養大学客員教授
公認会計士

## 土田 義憲

主人公：未織ちゃん（中3）

ロギカ書房

## 中学生・高校生の皆さんへ


　本書は、社会における経済活動と会計の関係を中学 3 年生・高校 2 年及び 3 年生のために学年別に解説したものです。


　中学生・高校生の皆さんは「会計は難しいもの」「専門的に勉強した人がやるもの」と考えている人が多いと思いますが、決してそうではありません。

　私たちは、自分が欲しいものを手に入れるために、自分が持っているものを手放します。例えば、リンゴを 2 個持っていた人が、そのうちの 1 つをオレンジと交換したとします。交換前はリンゴ 2 個が手元にあったのに、交換後はリンゴ 1 個とオレンジ 1 個になります。

　この変化による増減を記録し報告するのが会計です。


　本書では、個人や組織に所属するお金や物品があるところには必ずその出し入れがあり、それを記録し増減を計算する会計があることを説明しています。言い換えれば、私たちは会計と背中合わせで生活しているのです。


　会計を知らなくとも仕事をし、生活をすることはできます。多くの皆さんはそう感じていると思います。しかし、会計を知らずに仕事をし、生活をするのは「スマホを持たずに外出する」ようなものなのです。

　スマホを持たなくとも仕事をし、生活をすることはできます。でも、スマホがあれば、仕事がスムーズに運び、生活も便利になります。これと同じように、会計を知ることによって仕事がスムーズに運び、生活が便利になるのです。

会計はしょせん道具です。道具の機能を理解し、それを使う方法を習得すれば、その便利さを享受することができます。ちょうど「スマホを使う」ようにです。

　本書が、中学生・高校生の皆さんが会計に興味を持つきっかけになれば幸いです。

2023 年 1 月

元国際教養大学客員教授

公認会計士 **土田義憲**

# 本書の構造

　本書は、社会における経済活動と会計の関係を中学 3 年生・高校 2 年及び 3 年生のために、学年別に解説したものです。

　本書は 3 部構成になっています。第 1 部は公民を学ぶ中学 3 年生、第 2 部は公共を学ぶ高校 2 年生、第 3 部は政治・経済を学ぶ高校 3 年生へ向けたものです。

　各部とも、解説編、対話編で構成しています。解説編では、経済活動と会計の関係について「サクッ」と記述しています。対話編では、「じっくり」と記述しています。

　解説編、対話編どちらを先に読んでも、どちらか一方だけを読んでも、社会における経済活動と会計の関係についてご理解いただける内容になっています。

第 **1** 部

# 公民を学ぶ
# 中学生
### 経済活動と会計

解説編

# 社会の経済活動と
# 会計を学ぶ

第 2 部

# 公共を学ぶ 高校生
### 企業の生産活動と会計

解説編

# 企業の生産活動と 会計を学ぶ

# 第 3 部

# 政治・経済を学ぶ
# 高校生
### 企業の資金調達と会計

解説編
# 企業の資金調達と
# 会計を学ぶ

対話編

# 高3・未織ちゃん
## 企業の資金調達と会計を学ぶ

# 第 **1** 部

# 公民を学ぶ
# 中学生

## 経済活動と会計

# 社会の経済活動と会計を学ぶ

## 1. 経済活動と会計

## （1）経済主体

　社会の活動には様々なものがありますが、その1つが経済活動です。経済活動を一言でいうと、**財**（サービスを含む）と**財**、あるいは**財**と**現金**を交換し、自分が欲しい財を手に入れる活動です。

　経済活動の行為者を**経済主体**（けいざいしゅたい）といいます。社会科では**家計、企業、政府**の3つに分けます。しかし本書では、消費生活を営む経済主体を**家庭**と称し、家庭の消費活動を記録する会計を家計（かけい）と呼びます。

　家庭は企業や政府に**労働力**や**資本**を提供して収入を得る一方、**財やサービス**を消費します。

　企業は家庭から労働力や資本を入手して、それらを使用して生産した財やサービスを家庭や政府に提供します。

　政府は家庭や企業から労働力と財やサービスを得て、**行政サービス**を提供します。

　この経済主体の活動の関係を図にすると右図のようになります。なお、この図では表示を簡潔にするために財やサービスの授受の反対側である収入や支出、つまり貨幣の流れの記述は省略してあります。

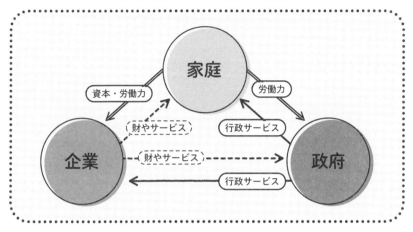

各経済主体の活動の関係

## （2）会計とはどのような行為か？

　私たちは、自分が欲しいものを手に入れるために、自分が持っているものを手放します。すると、手に入れたものは増え、手放したものは減ってしまいます。

　例えば、リンゴを2個持っていた人が、そのうちの1つをオレンジと**交換**したとします。交換前はリンゴ2個が手元にあったのに、交換後はリンゴ1個とオレンジ1個になります。

　昔は財と財を直接交換していましたが、現代では、お金を介して交換します。すなわち、持っている財とお金を交換し、次にお金とほしい財を交換します。この交換による手持ちの財の変化を記録するのが**会計**です。

　家庭、企業、政府が経済活動を行う時は財やサービスもしくは現金の出し入れを行います。これにより、手持ちの財やサービスそして現金は変化をします。これを記録するのが会計であり、それぞれ**家計、**

**企業会計、公会計**と呼んでいます。

　会計は経済活動に伴う財やサービスもしくは現金の出し入れを貨幣価値、すなわち金額で表現します。そして、金額を表す数字を足したり引いたりして合計と残高を計算します。

## （3）会計はなぜ必要か？

　では、手間をかけて手持ちの財の変化を記録するメリットはどこにあるのでしょうか？家庭と企業の活動を例にみていきます。

　家庭は消費の主体です。ほしいものを買ってお金を支払うと、お金はどんどん減っていきます。ほしいものがあるので「買いたい」と思ったときに「お金がない」ということになりかねません。

　「今度は欲しいものを買いそびれないようにお金を貯めておこう」と考えたら、過去の支出を振り返り、無駄な支出を控えなければなりません。それを可能にするのが会計の記録です。

　営利を目的とした企業の場合も同様です。「なぜこの利益が出たのか」「なぜ赤字になったのか」を振り返り、将来の収入と支出を計画し、「利益を100万円増やすにはどうすればよいか」を考える基礎を提供するのが、やはり会計の記録です。

　このように会計は、**将来の経済活動の計画立案に役立てる**ために、財やサービス、および現金の受取りと付与を貨幣的価値、すなわち金額で記録するのです。

## ① ありのままを記録する？

　前述したように、会計は記録することが目的ではありません。達成したいゴールに確実に近づくために、次の経済活動の計画立案に役立つ情報を提供するのが目的です。これは、家庭の消費活動であれ、企

業の営利活動であれ、同じことです。

　もし過去の記録が事実にもとづいたものでない場合は、それにもとづいた次の経済活動の計画は砂上の楼閣であり、ゴールの達成はおぼつきません。

　そのため、会計は事実に基づいて、漏れなく正しく記録をしなければなりません。

## ② どのように記録する？

　会計の記録は金額で行いますが、記録の様式に決まりはありません。どのような様式でもいいのです。

　会計の記録の手段は**簿記**といわれ、**単式簿記**、**複式簿記**などと呼ばれる方式があります。現代において広く使われている複式簿記は、受け取る財と代わりに付与する財を同時に記録するという特徴があります。

## （4）会計は役に立つか？

　すでに述べましたが、会計の記録は、次の経済活動を計画するために利用するものです。すなわち、会計は道具です。

　したがって、会計が役に立つか、立たないかは使う人によって異なってきます。ある人にとっては非常に便利であるが、ある人にとっては手間がかかるだけの無用の長物かもしれません。

　例えば「博物館の入場料は1人300円であるが、15人以上の団体は2割引きです」という場合、20人の団体の入場料金を計算する際は、

$$300 円 × 20 人 × （1-20\%） ＝ 4,800 円$$

という算式を使えば、容易に入場料金の総額を知ることができます。

　　会計もこれと同じで、過去の記録を将来の活動計画の立案にうまく使えば、その便利さを享受することができるのです。

## 2. 私たちの暮らしと会計

こ　れまで述べたように、財やサービスおよび現金の変化を記録するのが会計です。以下では家計と文化祭の屋台《やたい》の設営を例に、会計のメリットについて見ていきます。

## （1）家計

　　家庭は労働力や資本を提供します。その見返りに収入を得ます。また、この収入で財やサービスを購入し、これを消費します。この収入と支出を記録し、一定期間の消費と貯蓄の増減を家族に知らせるのが家計です。

　　自営業者の場合は、収入を得るための事業活動と家族の生活を支えるための消費活動（支出）が混然一体となっているように見えますが、会計上は明確に区分することが可能であり、区分する必要があります。

## ① 家計の管理

　　家庭の収入の主なものは、給料やパート代などの勤労所得、自営業者の事業所得、資産活用による財産所得などです。

　　支出は3つに分かれます。1つ目は食糧費・住居費・水道光熱費・被服費・教育費・医療費・交通費・教養娯楽費などの毎日の生活維持のための**消費支出**です。この支出はさらに、すぐに消費する財やサー

ビスのための支出と、家具や家電などの長期間使用できる財のための支出に分けられます。これらの支出は家計の支出の大部分を占めます。

　2つ目は税金や健康保険料・年金保険料などの支出です。これらは、家庭にとっては選択の余地がない**義務的支出**です。

　3つ目は**貯蓄**です。多くの家庭では将来の大きな支出のため、あるいは病気や災害などの思いがけない出費のために収入の一部を貯蓄します。

　言うまでもありませんが、家庭は消費の主体です。家庭の収入と支出の頻度を見ると圧倒的に支出の頻度が高くなります。そのため、多くの家庭では、支出を収入の範囲内に収めるために支出内容と金額を管理します。そのために利用するのが**家計簿**です。別言すれば、家計簿の記録の大部分は支出に係るものです。

## ② 家計簿の記録

　では次に、家計簿の記録方法を見ていきましょう。家計簿の特徴は記録方式がシンプルな点です。

　例えば、「あなたは手元に 20,000 円を持っています。今日は 1,000 円分の食料品を買いました。次の日は本屋に行き 1,200 円の文芸書を買いました。その次の日は自動車ローン 8,000 円を返済しました」と仮定します。

　一般的な家計簿では、食料品の購入（支払い）は食品費に、本の購入は教養費に、自動車ローンの返済はその他の欄に、分けて記録します。

　これを記録したのが**図表 1** の家計簿です。日本で一般的に使用されている家計簿は図表 1 のような**多桁式**の様式になっています。

## 図表1：一般的な多桁式家計簿

| 日付 | 収入 | | 支出項目と金額 | | | | | 残高 |
|---|---|---|---|---|---|---|---|---|
| | 項目 | 金額 | 食品費 | 教養費 | 日用品費 | その他 | 合計 | |
| | | | | | | | | 20,000 |
| 1日 | | | 1,000 | | | | | 19,000 |
| 2日 | | | | 1,200 | | | | 17,800 |
| 3日 | | | | | | 自動車ローン返済 8,000 | | 9,800 |
| ･･･ | | | ･･･ | ･･･ | ･･･ | ･･･ | ･･･ | ･･･ |
| 合計 | | | 23,000 | 12,000 | 5,000 | 36,000 | ･･･ | ･･･ |

　この家計簿の残高の欄は現金の残高を示しています。この金額と手元にある現金の残高を比較照合することによって、家計簿の記録漏れや金額の記録間違いを発見し、直ちに訂正することができます。

　また、各項目の支出金額を縦に合計すると項目ごとの1か月間の支出金額を簡単に計算することができます。

　家計簿はお金の収支、特に何にお金を使ったのかを記録するのに適しています。

## ③ 家計簿の役割

　すでに述べたように、ほしいものを買ってお金を支払うと、お金はどんどん減っていきます。ほしいものがあるので「買いたい」と思ったときに「お金がない」ということにもなりかねません。

　「今度は欲しいものを買いそびれないようにお金を貯めておこう」と考えたら、過去の支出を振り返り、これまでの買い物で何が無駄だったのかを反省し、貯蓄にまわすお金が残るように次の期間の消費支出

を計画しなければなりません。それには、過去に何にいくらお金を使ったのかを知らなければなりません。それを可能にするのが家計簿の記録です。

すなわち家計簿は、記録するのが目的ではなく、一定期間の記録を振り返り、支出の無駄や削減可能な支出を発見し、貯蓄するお金を確保するのが目的なのです。

## ④ 家計簿による支出管理

前述した家計簿をアレンジして「**図表2：予算による支出管理の家計簿**」を作り、食品費、教養費、日用品費などの主要な支出項目ごとに予算を設定します。

毎月の支出を予算の範囲内にとどめれば、支出金額を管理し、目標額の貯蓄が可能になります。

### 図表2：予算による支出管理の家計簿

| 日付 | 収入 | 支出 | | | | |
|------|------|------|------|------|------|------|
| | | 食品費 | | 教養費 | | 日用品費 |
| | | 支出額 | 予算残高 | 支出額 | 予算残高 | |
| 2月1日 | | | 30,000 | | 10,000 | |
| 2月2日 | | 1,000 | 29,000 | 1,200 | 8,800 | |
| 2月3日 | | | | | | |

## ⑤ 限界と家計簿アプリ

しかしこの家計簿は、住宅ローンや自動車ローンの毎月の返済額を記録することはできますが、将来返済しなければならないローンの残高（いわゆる借金）がいくらあるのかを示すことはできません。

ローンの支払いに充てることができる普通預金や定期預金がいくらあるのかを示すこともできません。

また、記録に手間がかかり、面倒だ、と言う人も少なくありません。

このような従来の手書きの家計簿の欠陥を克服すべく、現在ではスマホを使って家計簿を作成する**家計簿アプリ**が若い世代を中心に普及しています。この家計簿アプリを銀行口座やクレジットカードなどと連携させると、簡単に毎月の収支の状況を把握することができます。

# （2）文化祭の屋台

次に、中学や高校の文化祭で屋台を設営する場合の会計の記録について見ていきましょう。

これまでに取り上げた家計は自分の家庭のお金であり、自分のお金です。どのように使おうと、他人から文句を言われることはありません。もちろん家庭内で口論になったりすることはあるでしょうが…。

それに対して、文化祭での屋台の設営に関わるお金は「メンバー共有の財産」です。各メンバーは、共有の財産であるお金の流れと残高に関心を持っています。

屋台のお金の管理担当者（会計係ともいう）は、お金の流れをメンバーに報告し、承認を受けなければなりません。会計係は、お金の流れをメンバーに知らせるために収支報告書（会計報告）を作成します。その基礎になるのが**現金出納帳**の記録です。

## ① 現金出納帳の作成

・（仮定）・・・・・・・・・・・・・・・・・・・・・・・・

　ある学生のグループが文化祭で焼き鳥の屋台を設営するために、以下のような活動をしたと仮定します。

- 10月1日に、文化祭の実行委員会に屋台の出店を届け、実行委員会から20,000円の参加助成金を受取る
- 10月3日に、焼き鳥の材料15,000円分と調味料2,000円分を購入し、現金で支払う
- 文化祭初日の10月5日に、焼き鳥18,000円分を売上げる
- 二日目の10月6日に、焼き鳥12,000円分を売上げる
- 10月8日に、屋台の借賃11,000円とプロパンガスの使用料3,000円を支払う

## ② 記録

　この活動による収入と支出の内容と金額を記録したのが、**図表3-1**と**3-2**の2つの現金出納帳です。

## 図表 3-1：現金出納帳

| 収入 | | | 支出 | | |
|---|---|---|---|---|---|
| 日 付 | 内 容 | 金 額 | 日 付 | 内 容 | 金 額 |
| 10月1日 | 委員会助成金 | 20,000 | 10月3日 | 焼鳥材料購入 | 15,000 |
| 10月5日 | 売上高 | 18,000 | 〃 | 調味料購入 | 2,000 |
| 10月6日 | 売上高 | 12,000 | 10月8日 | 屋台の借賃支払い | 11,000 |
| | | | 〃 | ガス使用料支払い | 3,000 |
| | 合 計 | 50,000 | | 合 計 | 31,000 |

## 図表 3-2：現金出納帳

| 日 付 | 内 容 | 収入 | 支出 | 残高 |
|---|---|---|---|---|
| 10月1日 | 委員会助成金 | 20,000 | | 20,000 |
| 10月3日 | 焼鳥材料購入 | | 15,000 | |
| 〃 | 調味料購入 | | 2,000 | 3,000 |
| 10月5日 | 売上高 | 18,000 | | 21,000 |
| 10月6日 | 売上高 | 12,000 | | 33,000 |
| 10月8日 | 屋台の借賃支払い | | 11,000 | |
| 〃 | ガス使用料支払い | | 3,000 | 19,000 |
| | 合 計 | 50,000 | 31,000 | 19,000 |

## ③ 残高表示のメリット

　**図表 3-1** と **図表 3-2** は、いつ、何に、いくらのお金を支出したか を記録しています。収入の種類と金額も記録しています。すなわち収 支報告書の作成に必要な情報をすべて記録しています。

　**図表 3-1** と **図表 3-2** のどちらの様式で記録してもよいのですが、 **図表 3-2** は、毎日の現金の残高を表示しています。この現金出納 帳の残高と手持の現金残高を 1 日の終わりに照合することによって、

現金出納帳の記録の漏れや誤りの有無を発見することができます。両者が一致すれば記録の漏れや誤りは〝ない〟と見なすことができます。したがって、**図表 3-2** の方が有用性は高いと言えます。

　もし記録漏れや誤りを発見したら、現金出納帳の収入もしくは支出の欄に追加の記録をし、あるいは金額の訂正を行います。こうすることによって、お金の受入れと支払いを漏れなく、かつ正確に記録することができるようになります。

## ④ 収支報告書の作成

　**図表 3-1** もしくは**図表 3-2** の現金出納帳の記録にもとづいて**図表 3-3** のような収支報告書を作成し、屋台の設営に伴うお金の流れと残高をメンバーに報告することができます。

### 図表 3-3：収支報告書の例

| 収　支　報　告　書（単位：円） | |
|---|---:|
| 1. 収入の部 | |
| 　学校助成金 | 20,000 |
| 　売 上 高 | 30,000 |
| 　　小 計 | 50,000 |
| 2. 支出の部 | |
| 　焼鳥材料代 | 15,000 |
| 　調味料代 | 2,000 |
| 　屋台の借賃 | 11,000 |
| 　ガス使用料 | 3,000 |
| 　　小 計 | 31,000 |
| 3. 差引現金残高 | 19,000 |

## 3. 企業の会計

企業は社会の中で**生産活動**を営みます。生産活動とは、人間が自然に働きかけて人間が必要とする財やサービスを作ることです。

　生産活動は個人で営む自営業者と組織で営なむ会社によって行われます。その中心になるのは株式会社です。

## （1）会社の活動

　財を生産する会社のみならず、サービスを提供する会社も、株式の発行や金融機関からの借入れで得た資金で、**生産の3要素**である**土地**、**労働力**、**資本財**（機械装置や原材料などの生産用具）を調達します。この調達した生産の3要素を結びつけて生産活動を営みます。

　すなわち会社は、調達した資金で土地や機械装置などを購入し、従業員を雇って給料を支払い、原材料などを購入して代金を支払い、それらを結合して人間が必要とする財やサービスを生産します。

　そして生産した財やサービスを消費者に販売し、その対価として現金を受け取ります。

## （2）再生産と資本の蓄積

　生産活動は1回で終了するわけではありません。生産した財やサービスを消費者に販売して受け取った現金を、再度、従業員の給料支払いや原材料などの購入に充て、生産を繰り返します。これを**再生産**と言います。

　生産した財やサービスの販売で得た現金が、従業員の給料や原材料

などの購入のために支払った現金を超える部分を**利潤**と言います。

　この利潤は、会社を設立した株主に全額を分配することもできますが、分配する割合を3〜4割に留め、残りを追加の土地の購入や従業員の雇用、資本財の調達に振り向けます。これにより、会社が生産活動に使用できる生産の3要素は増えていきます。これが**資本の蓄積**です。

　資本の蓄積が進むことによって、会社の生産規模は拡大していきます。これが**拡大再生産**です。

## （3）企業会計の特徴

　会社は1年ごとに利潤を計算し、その結果を株主や債権者、その他の利害関係者に報告しなければなりません。これを可能にするのが会計の記録です。会社の会計は**企業会計**と呼ばれています。

　また、会社間の取引では**信用取引**が一般的で、財やサービスの授受の時期と現金の収支の時期は一致しません。一般的には、財やサービスの授受が先で、後に現金の収支がついてきます。

　そのため会社の会計は、一定期間（原則1年間）で稼いだ利潤の額を表示するとともに、将来において会社が受け取る、あるいは支払うであろう現金の大きさを予測するための情報を報告するものになっています。

　この報告は**財務諸表**と呼ばれる書類で行います。財務諸表はいくつかの書類で構成されますが、中心になるのは**貸借対照表**と**損益計算書**です。

## （4）企業会計の機能

　この財務諸表の情報に基づいて経営者は「なぜこの額の利益が出たのか」「なぜ赤字になったのか」を振り返り、「来期、利益を 100 万円増やすにはどうすればよいか」などを考えます。

　また、会社へ資金を提供する株主や金融機関は「現在の投資を維持するか」「追加の出資に応じるか」「貸付を継続するか」「追加の貸付に応じるか」などを判断します。

## 対話編

# 中３・未織ちゃん

## 社会の経済活動と
## 会計を学ぶ

**現**在、中学３年生の錦野未織ちゃんは、社会科の公民の授業で経済活動と会計の役割について勉強しています。

学校の先生の話を聞いても、社会経験がない未織ちゃんには、なにかすっきり感がありません。

夕食の席で、お父さんとお母さんにその話をしたら〝お祖父ちゃんに聞いてみたら〟とお母さんが言いました。お母さんによると、お祖父ちゃんは公認会計士で、アメリカ系の監査法人で働いていました。

その間、11 年間をベルギーのブリュッセルとイギリスのロンドンで仕事をし、世界各国の会計制度と会計の歴史に精通しています。監査法人を早期退職した後は大学で会計学の先生をしていました。

　〝会計の話を聞くなら、最高の人よ〟と言って、さっそくお祖父ちゃんに連絡をとってくれました。

　これから、お祖父ちゃんと一緒に、経済活動と会計の勉強が始まります。未織ちゃんは、次々と、自分の疑問をお祖父ちゃんに投げかけます。

## 疑問 1
# 会計とは何をすること？

**未**織ちゃんはお祖父ちゃんの家に会計の話を聞きに来ています。今日は、お母さんも一緒です。

| | |
|---|---|
| お母さん | 「おはようございます」 |
| 未織ちゃん | 「お祖父ちゃん、こんにちは」 |
| お祖父ちゃん | 「おぉ、いらっしゃい未織ちゃん、元気だった」 |
| 未織ちゃん | 「うん、元気！」 |
| お祖父ちゃん | 「今日は、会計の話を聞きたいんだって？」 |
| 未織ちゃん | 「うん、そう」 |

お祖父ちゃん 「どんな話をすればいいのだろう？」

未織ちゃん 「公民の授業で**社会の経済活動と会計**を習ったのだけれど、よくわからなくて！」

お母さん 「それで、お祖父ちゃんに聞きたいことがあるのよね！」

未織ちゃん 「高校受験のこともあるので、今のうちにしっかり勉強しておきたいの！」

お祖父ちゃん 「そうか、偉いね！」

お母さん 「家に帰ってから未織と話ができるように、私も一緒に聞きたいのだけれど、いいかしら？」

お祖父ちゃん 「もちろん、いいとも！」

　応接間でお祖母さんが入れてくれたお茶を飲んだあと、お祖父ちゃんは、仕事で使っているホワイトボードをゴロゴロと転がしてきました。大学の授業で使用していた PC とプロジェクターもあります。応接間は、あっという間に学校の教室の趣に様変わりです。

お祖父ちゃん 「中学や高校の社会科では、企業が生産するものを〝**財やサービス**〟というけれど、会計では〝**財**〟とは言わず、物あるいは**物品**と言います。今日も、時々、物や物品とい

う言葉を使うけれど、いいかな？」

| 未織ちゃん、お母さん | 「は〜い、いいよ！」 |
| お祖父ちゃん | 「ではまず、**会計**という言葉です。未織は、どのようなときに会計という言葉を使いますか？」 |
| 未織ちゃん | 「…例えば、お店でお金を払うときは〝会計をお願いします〟と言うわ」 |
| お母さん | 「会社では、お金や物の出し入れを記録する仕事を〝会計の仕事〟ということもあるわね」 |
| お祖父ちゃん | 「そうだね。実は、会計という言葉は様々な意味に使われているのだよ」 |

と言って、国語辞典<sup>（注1）</sup>に載っている会計の意味として、次の4つをホワイトボードに書きました。

● 寄せ集めて計算すること。勘定（かんじょう）。
● 金銭・物品の出し入れの計算。
● 金銭・物品の出納（すいとう）等に関する事務。
● 代金の支払い。支払い。

（注1）三省堂新国語中辞典　昭和42年1月1日第1刷

# 1. 会計とは？

お祖父ちゃん 「このように会計という用語はいくつかの意味で使われている。では、この中で最も広い概念はどれだと思う？」

未織ちゃん 「え〜と…、〝寄せ集めて計算すること〟だと思います。お金でも物でも、何にでも当てはまるから！」

お祖父ちゃん 「そうだね！ 何にでも当てはまるね。では、何を計算するか、と聞かれたら、何を思い浮かべるかな？」

未織ちゃん 「う〜ん、私はお金の計算を思い浮かべる」

お母さん 「私も同じね」

お祖父ちゃん 「つまり、手に持っているお金の計算かな？」

未織ちゃん 「う〜ん、手に持っているお金だけじゃなく、なぜお金が増えたのかとか、減ったのかも知りたい」

お母さん 「そうね、私も〝いつ、何にお金を使ったのか〟とか、〝なぜ、今、手に持っているお金が減ったのか〟などを知りたいわ」

お祖父ちゃん 「そうだね。多くの人は〝お金の出し入れ〟に関心を持っている。お金は手に入れれば増えるし、出せば減るので、その〝増減の計算〟に関心を持っている」

| | |
|---|---|
| 未織ちゃん、<br>お母さん | 「うん、納得！」 |
| お祖父ちゃん | 「その他に、多くの人が関心を持っている計算対象はないだろうか？」 |
| 未織ちゃん | 「…私は自分の手作りのキーホルダーね。作れば増えるし、友達にあげれば少なくなるから！」 |
| お祖父ちゃん | 「そう、私たちが社会で生活を営むにあたっては、お金を介して、あるいは直接、物（サービスを含む）と物を交換する。この交換に伴うお金や物の出し入れによる増減を計算することに、多くの人は関心を持っていると考えていいだろうね」 |
| 未織ちゃん | 「すると、お金や物があるところには、必ずその出し入れがあるから、知らず知らずのうちにその増減を計算しているということなのね！」 |
| お母さん | 「つまり、私たちは、いつの間にか会計を利用し、世話になっているのね」 |
| お祖父ちゃん | 「そういうことだね。つまり、私たちが社会で経済活動を営むと必ずお金や物の出し入れを伴うから、それを記録する会計が不可欠ということだ」 |

## 2. 経済活動と主体

未織ちゃん 「お祖父ちゃん、**経済活動**というのはどんな活動なの？」

お祖父ちゃん 「経済活動を一言でいえば、**物と物、あるいは物とお金を交換し、自分が欲しい物を手に入れる活動**のことだよ」

未織ちゃん 「そうか！ 物と物、あるいは物とお金を交換するから、お金や物の出し入れが起きるのか！ お金や物は出すと減るし、手に入れると増える。出し入れを記録し、増減を計算するのが会計ということなのね？」

お祖父ちゃん 「そのとおり。世の中には様々な物があるが、それぞれに適した単位、例えば個、キログラム、メートルなどで測定している。でも会計では、お金とすべての物の出し入れや増減を貨幣価値、すなわち**金額で記録**するのだよ」

未織ちゃん 「そうなんだ。じゃあ、経済活動は誰が行うの？」

お祖父ちゃん 「経済活動は、社会のすべての国民が行う。しかし一般的には、もっぱら消費活動を営む**家計**、生産活動を営む**企業**、両者の活動の調整を行う**政府**の三者に分けるよ」

未織ちゃん 「わかった！ この三者を**経済主体**というのよね！」

お祖父ちゃん　「そのとおり。社会科では、もっぱら消費活動を営む経済主体を家計と呼ぶが、ここでは家庭と呼び、家庭の会計のことを家計と呼ぶことにするよ」

未織ちゃん、
お母さん　「いいわよ！」

お母さん　「ところで、この三者の経済活動における役割は異なるのよね？」

お祖父ちゃん　「そうだ。**家庭**は**資本**や**労働力**などを企業や政府へ提供して**収入**を得て、企業が生産する財やサービスを**購入**して、あるいは政府が提供する行政サービスを**消費**する」

未織ちゃん　「資本や労働力などを提供して得た収入を財やサービスの購入に充てて、お金を支払うのだね！」

お祖父ちゃん　「そのとおり」

お母さん　「では企業の役割はどうなのかしら？」

お祖父ちゃん　「**企業**は、家庭から資本や労働力を、政府から行政サービスを受け取り、その代金を支払う。そして、提供を受けた資本や労働力、行政サービスなどを利用し、自然から入手した原材料を加工して財やサービスを生産し、それを販売して収入を得ている」

未織ちゃん　「財やサービスの生産と販売が企業の役割ね！」

お祖父ちゃん　「そのとおり」

お母さん　「最後の**政府**の役割は何かしら？」

| お祖父ちゃん | 「政府は、家庭から労働力、企業から財やサービスを受け取る。他方、家庭や企業に行政サービスを提供し、公共事業を行う。経済が円滑に営まれるように、家庭や企業の活動を監視し指導する役割も担っている。その見返りに国民から租税収入を得ている」 |
| --- | --- |
| お母さん | 「行政サービスの提供、公共事業の実施、家庭や企業の活動の監視や指導が政府の役割ということね！」 |
| お祖父ちゃん | 「そう」 |
| 未織ちゃん | 「お祖父ちゃん、3つの経済主体の活動の関係を、わかりやすいように図にしてほしいのだけれど…？」 |
| お祖父ちゃん | 「わかった」 |

と言って、以下の**図表4**をホワイトボードに描きました。

疑問1　会計とは何をすること？

## 図表４：各経済主体の活動

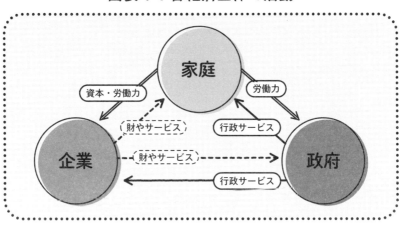

未織ちゃん　「うぁ〜、これはわかりやすい」

お祖父ちゃん「この図では表示を簡潔にするために財やサービスの授受の反対側である収入や支出、つまり貨幣の流れの記述は省略している」

お母さん　　「これらの経済主体ごとに、会計があるということね」

お祖父ちゃん「そう、それぞれの会計は**家計**、**企業会計**、**公会計**と呼んで区別している」

お祖父ちゃん「ところで、経済主体は家庭、企業、政府の３つに分けるのが一般的だが、今日、社会で活動しているのはこの３つだけではないのだよ」

未織ちゃん　「どういうこと？？」

お祖父ちゃん 「多くの人が個人で、あるいはグループや組織を構成し、それを単位として活動をしている。例えば、」

と言って、以下をリストアップしました。

● ある目的のために行動を共にするグループなど
● 営利を目的としない学校や病院、社会福祉法人など
● 半公共的なボランティア活動を行う NPO 法人など

未織ちゃん 「これらの個人や組織が、経済主体として捉えられていないのはどうして？」

お祖父ちゃん 「これまでは、これらの個人や組織の活動が経済活動全体に占める比重が小さかったからだよ」

未織ちゃん 「でも、最近はいろいろな NPO 法人や社会福祉法人などが活動しているよね？」

お母さん 「そうね。私の友人も NPO 法人で働いているわ。こういう人が増えているのじゃないかしら？」

お祖父ちゃん 「そう、近年は少子高齢化が進み、労働人口が縮小している。これにより政府の税収が伸び悩み、財政が緊迫し国民が望むすべて

の行政サービスの提供ができなくなってきた。これを補う形で NPO 法人や社会福祉法人などの活動が盛んになっているのだよ」

未織ちゃん　「これらの個人や組織でも、多かれ少なかれ、お金や物を保有しているよね？」

お母さん　「そして、それらの活動に伴ってお金や物の出し入れがあるわけだから、それを記録し、その増減を計算する会計もあるわけですね？」

お祖父ちゃん　「そのとおり。すなわち、会計は企業や政府だけのものではないということだね。わかってもらえたかな」」

未織ちゃん、お母さん　「わかった、ガッテンです !!!」

## 3. 会計のメリット

未織ちゃん　「お祖父ちゃん、会計の役割はわかったけれど、手間をかけてお金や物の出し入れを記録し、増減を計算するメリットはあるの？」

お祖父ちゃん　「会計は、1か月とか1年間において、何が増加し、何が減少したか、いま手元にあるお金や物はいくらかを知らせる機能がある」

| 未織ちゃん | 「それはわかったよ。でもそれは、なんの役に立つの？」 |
| --- | --- |
| お祖父ちゃん | 「私たちは常に〝これから〟を生きていかなければならない。これまでと同じ生き方をすることもできるが、人生を豊かに過ごすには、過去の経験を踏まえて、次の活動の予定を作るのが有益だ」 |
| 未織ちゃん | 「つまり会計は、**過去の経済活動を振り返り、将来の活動の計画を立てる際の参考になる**ということ？」 |
| お祖父ちゃん | 「そう、社会には様々な人がいて、様々な組織があるけれど、その誰もがこの会計の機能を利用し、将来の活動計画の立案に役立てることができるのだよ」 |
| お母さん | 「つまり会計は、お金や物の出し入れを記録することが目的ではなく、その記録の結果を利用することに意味があるということですね？」 |
| お祖父ちゃん | 「そうだよ。言い換えれば、記録の結果を将来の活動の計画立案に利用する人にとっては非常に便利であるが、結果を利用しない人にとっては手間がかかるだけの無用の長物ということになるかもしれないね！」 |
| お母さん | 「役に立つか、立たないかは、道具である会計を使う人によって異なるということね」 |
| 未織ちゃん | 「納得！」 |
| お祖父ちゃん | 「私たちの生活あるいは経済活動と会計との関わりを知り、会計を生活や仕事に利用で |

きるようになれば、より充実した豊かな生活を送り、楽しく仕事ができるようになることは間違いないね。私自身の経験からも、自信を持って言えるよ！」

お母さん　「外国語をマスターすると外国人とのコミュニケーションの機会が増え、これまでとは違う世界をのぞくことができると言うけれど、それと同じね！」

未織ちゃん　「そうか、会計を知ることによって自身の家庭や世間の様々な団体やサークル、会社、政府などの経済活動をより深く、明確に理解できるようになるということだね？」

お祖父ちゃん　「そういうことだよ！」

## 疑問 2
## 家庭の収入と支出の記録方法？

**未**織ちゃんは、身近な経済主体である家庭の会計のことをもっと知りたくなりました。家計と聞いて、お母さんも興味津々です。

| | |
|---|---|
| 未織ちゃん | 「お祖父ちゃん、家計のことをもっと詳しく教えてください！」 |
| お母さん | 「私も知りたいわ！」 |
| お祖父ちゃん | 「いいよ。言うまでもないことだけれど、家庭は消費の主体だ。家庭では収入を消費支出に充てる。収入の主なものは、サラリーマンの**勤労所得**、自営業者の**事業所得**、不動産や金融資産の運用による**財産所得**の3つだよ」 |
| お母さん | 「夫も私もサラリーマンで、収入は月に1度だけよ。でも、支出は、週に2、3回よ。圧倒的に支出の頻度が高いわ！」 |
| 未織ちゃん | 「そうよね。収入は、毎月1回の給料だけだよね」 |
| お母さん | 「そう、そのとおり。逆に言えば、家計のほとんどは支出よね」 |
| お祖父ちゃん | 「家庭の収支を維持する上で、何か困ったことはあるのかな？」 |

お母さん　　　「うちは3人家族。昔は未織が病気になって突然に医療費の支出があり、慌てることもあったわ。だから、いざという時に備えて貯蓄を確実に増やすことも大切ね！」

## 1. 家計の管理

お祖父ちゃん　「多くの家庭では、支出を収入の範囲内に収めるために支出内容と金額を管理している。問題は、収入と支出は毎月一定ではないということだね」

未織ちゃん　　「コロナ禍で収入が減少したり、職を失い、収入が途絶えたりした友だちの家庭もあるよ」

お母さん　　　「家具や家電製品の購入、家族旅行など、まとまった支出が年に何回かあるわ。子供の進学や住宅の購入などで大きな支出が必要になることもあるわ」

お祖父ちゃん　「これらに備えて、どの家庭でも、貯蓄に励んでいるよね」

お母さん　　　「毎月貯蓄しようと思っているけれど、なかなか難しいわね。支出が給料を上回ってしまう月もあるわ」

お祖父ちゃん 「貯蓄の原資を捻出するためには、支出を収入の範囲内に収める必要がある。支出を収入の範囲内に収めるために、何かやっているかい？」

お母さん 「私は**家計簿**を使って、支出をコントロールしているわ」

お祖父ちゃん 「支出をコントロールするために、家計簿をどのように使っているのかな？」

お母さん 「家計簿には、いつ、何に、いくら支出したかを記録しています。この記録は、過去の支出を振り返り、無駄な支出や削減可能な支出を発見するのに役立っているわね」

未織ちゃん 「その記録を見ると 〝この買い物は無駄だった〟と思い返すことができるということ？」

お母さん 「そうよ。この本は図書館で見ればよかったとか、友達に借りればよかった、などと思うことが沢山あるわね」

お祖父ちゃん 「家計簿は記録するのが目的ではなく、利用するものだということだね！」

お母さん 「そうです。過去の支出を踏まえて将来の支出を計画すれば、無駄な支出や余分な支出を減らし、貯蓄に回す額を増やすことができるわ」

お祖父ちゃん 「家計簿を使って、より有益な消費活動を可能にしているということだね」

未織ちゃん 「家計簿を使えば、そういうことも可能なんだ！ 私も始めようかな」

お母さん　　　「ぜひ、お勧めよ。まずは、自分のお小遣いからね！」

## 2. 家計簿の様式

お祖父ちゃん　「お母さんは、どのような様式の家計簿を使っているのかな？」

お母さん　　　「昔は市販されている家計簿の中から選んでいたけれど、家計簿の様式に合わせて記録するのが苦痛だったわ！ そこで今は、書店でノートを買い、自分の目的に合った様式のものをデザインしています」

未織ちゃん　　「家計簿に決められた様式はないの？」

お祖父ちゃん　「家計簿の様式に決まりはないよ。家計簿は、過去の支出を振り返り、将来の消費活動を計画するのに活用するのが目的だから、自分が記録し易く、活用しやすい様式でいいのだよ」

お母さん　　　「自分でデザインしたものを使うようになってから、ストレスを感じずに家計簿をつけられるようになったわ」

未織ちゃん　　「市販されている家計簿に標準的な様式というのはあるの？」

お祖父ちゃん 「市販されている家計簿は、支出頻度が多い
項目を独立した欄に記録する多桁式の様式
になっているのが多いよね。これが**多桁式
家計簿**の例だよ」

と言って、以下の表をホワイトボードに書きました。

## 多桁式家計簿の様式

| 日付 | 収入 | | 支出 | | | | 現金残高 |
|---|---|---|---|---|---|---|---|
| | 項目 | 金額 | 食品費 | 日用品費 | 衣服 | その他 | |
| 2月1日 | パート代 | 20,000 | | | | | 20,000 |
| 2月2日 | | | 1,400 | 800 | | | 17,800 |
| 2月4日 | | | 1,200 | | 1,600 | | 15,000 |
| …… | …… | … | … | … | … | … | … |
| 合計 | | 80,000 | 24,000 | 9,000 | 11,000 | 16,000 | 20,000 |

お母さん 「私がデザインしているのもこの様式です。
この様式だと、独立した各欄の数字を縦に
集計するだけで、簡単に項目ごとに1か月
間の支出金額を計算できるのよね」

未織ちゃん 「使い方を、具体的に教えて！」

お祖父ちゃん 「2月1日にパート代収入が 20,000 円あっ

たので、収入の欄に記入する。2月2日には食料品に1,400円、日用品に800円支出したので、それぞれの項目欄に記入する」

お母さん 「食品の欄の数値を縦に合計することによって2月中の食料品への支出金額の合計24,000円を簡単に計算することができるのよ。同様に日用品、衣服の欄の数値を縦に合計すると、それらの2月の合計支出金額を計算することができるわ」

未織ちゃん 「なるほど、便利だね！」

お祖父ちゃん 「この家計簿の右端の残高の欄は現金の残高を表している。この金額と実際に手元にある現金の残高を定期的に比較することによって、家計簿の記録漏れや金額の間違いを発見することができるのだよ」

未織ちゃん 「どういうこと？」

お祖父ちゃん 「例えば、手元にある現金が残高の欄の金額よりも多い場合は、家計簿の支出金額を多く記録しているか、二重に記録している可能性がある。逆に、手元にある現金が残高の欄の金額よりも少ない場合は、支出の記録を漏らしている可能性がある」

未織ちゃん 「なるほど」

お母さん 「ところで、家計簿の残高と手元の現金の比較は、いつやればいいのかしら？」

お祖父ちゃん 「自分の行動様式に応じたタイミングで、いつやってもいい。でもあまり日が空くと、家計簿の記録漏れや金額の間違いを思い出

せなくなる可能性がある。だから、例えば、1日1回、その日の支出が終了した後の夜に実施するのがお勧めだね」

## 3. 家計簿による支出管理

お祖父ちゃん 「多桁式家計簿を応用すれば、支出を管理することもできるよ」

お母さん 「私もやっているわ」

未織ちゃん 「どうするの？」

お祖父ちゃん 「これが家計の支出を管理する〝予算による支出管理の多桁式家計簿〟の例だよ」

と言って、以下の表を書きました。

## 予算による支出管理の多桁式家計簿

| 日付 | 収入 | 支出 | | | | 衣服 |
|---|---|---|---|---|---|---|
| | | 食品費 | | 日用品 | | |
| | | 支出額 | 予算残高 | 支出額 | 予算残高 | |
| 2月1日 | | | 40,000 | | 20,000 | |
| 2月2日 | | 2,400 | 37,600 | 1,800 | 18,200 | |
| 2月3日 | | 2,200 | 35,400 | | | |

未織ちゃん　「これはどう使うの？どう使えば支出の管理ができるの？」

お祖父ちゃん　「最初に、食品、日用品、衣服などの支出項目ごとに1か月の予算を定める。この表では、食品の予算は40,000円、日用品は20,000円となっている」

未織ちゃん　「うん、うん」

お母さん　「支出をするごとに、該当する項目に支出金額を記入し、その金額分だけ予算残高を減らすのよね」

未織ちゃん　「なるほど。でも、各項目の予算はどうやって決めるの？予算は、これから先の支出の予算だから、決めるのは難しいでしょう？」

お母さん　「そうね。でも、過去の支出の経験や翌月の行動予定に基づいて考えれば、案外できるものよ。何回か経験すれば、だんだんと精緻（せいち）な予算が作れるようになるわ」

未織ちゃん　　「そうなんだ！」

お祖父ちゃん　「さすがお母さん、経験者だね！」

未織ちゃん　　「でもお祖父ちゃん、支出を繰り返していけ
　　　　　　　　ば、いつか、予算残高はゼロになるよね」

お祖父ちゃん　「そうだね！」

未織ちゃん　　「ある項目の予算残高がゼロになった時はど
　　　　　　　　うするの？」

お祖父ちゃん　「予算残高がゼロになった項目は、その支出
　　　　　　　　を今月はストップする。つまり、該当する
　　　　　　　　項目の支出を翌月まで我慢するのだよ」

未織ちゃん　　「そうか。無制限に使うのではなく、予算の
　　　　　　　　範囲内でお金を使うということだね！」

お母さん　　　「でも、食料品のように支出を我慢するのが
　　　　　　　　困難なものもあるわ。この場合はどうする
　　　　　　　　のかしら？」

お祖父ちゃん　「その場合は、まだ残高がある項目から予算
　　　　　　　　を振り替えて使用する」

お母さん　　　「つまり、まだ余裕がある項目の予算を減ら
　　　　　　　　して、支出を我慢できない項目の予算を増
　　　　　　　　やすのですね！」

未織ちゃん　　「なるほど。これなら、餓死しなくて済む
　　　　　　　　ね！」（笑い）

お祖父ちゃん　「ただし、全体の予算は増やさないように留
　　　　　　　　意しなければだめだよ」

お母さん　　　「なぜかしら？」

お祖父ちゃん　「もし、全体の予算を増やしてしまうと、その月の支出額が予算を上回ることになり、支出管理の目的が失われてしまうからだよ」

お母さん　「なるほど！」

未織ちゃん　「納得です！」

## 4. 家計簿の限界

お祖父ちゃん　「多桁式家計簿はお金を何に使ったのかを記録するのに適している。家計簿の残高と手持の現金を比較して、家計簿の記録の誤りや漏れを発見することもできる」

お母さん　「しかも記録の方法が容易で、だれにでも簡単に記録することができるわね」

お祖父ちゃん　「しかしこの家計簿は、住宅ローンや自動車ローンの毎月の支払額を記録することはできるが、ローンの残高がいくらあるのかを表示することはできない」

未織ちゃん　「つまり、将来返済しなければならないお金、いわゆる借金がいくらあるのかを表示できないっていうこと？」

お母さん　「そういうことね！」

お祖父ちゃん　「同じように、毎月、貯蓄にまわした金額を表示することはできるが、積立預金や定期預金等の貯蓄残高がいくらあるかを表示することはできない」

お母さん　「一度購入すると長年にわたって使用できる家具や家電が金額にしていくら分あるのか、いつ買換えが必要になるのかも表示できないわね」

未織ちゃん　「つまり、お金のフローは表示できるけれど、貯蓄額や、過去に買った家具や家電、ローン残高などのストックは表示できないということ？」

お祖父ちゃん　「そのとおり。これらの限界を克服するために、多桁式家計簿を改良して付随的な記録ができるようにした家計簿も市販されているよ」

## 5. 家計簿アプリ

お祖父ちゃん　「このような家計簿の限界に加え、従来の手書きの家計簿の最大の欠点は、記録に時間がかかることだ」

お母さん　「そうね、確かに時間はかかるわね」

未織ちゃん　「家計簿は記録を利用するものだと言うけれど、記録に時間がかると利用に割く時間がなくなってしまうよね？」

お祖父ちゃん　「家計簿の限界と記録に時間がかかるという欠点を克服するために、最近では若い世代を中心に**家計簿アプリ**が広く使われている」

お母さん　「あれは便利よね。普段使っている銀行口座やクレジットカード番号を登録すると、口座からの支出や残高、クレジットカードの利用状況なども一覧できるのよ。現金で支払ったときも、レシートをスマホで撮影すれば、自動で記録できるのよ」

未織ちゃん　「お母さんも使っているの？」

お母さん　「まだよ。でもそろそろ切り替えようかと考えているの」

お祖父ちゃん　「家計簿アプリを使えば、時間をかけずに支出や資産の状況を一覧できるので、過去の無駄な支出や削減可能な支出を発見して次回の支出を計画したり、資産の内容を見直したりすることに時間を割けるようになる」

未織ちゃん　「そうか、家計簿もアプリの時代なのか？」

お母さん　「そうよ、生活様式に合わせて、家計簿もどんどん進化しているのよ」

## 疑問 3
## 文化祭の屋台の会計と
## 企業の会計？

**友** 達とグループを作り、学校の文化祭で焼き鳥の屋台を出す事になった未織ちゃんです。会計を担当することになったので、お祖父ちゃんに相談に来ました。

| | |
|---|---|
| 未織ちゃん | 「お祖父ちゃん、来月の学校の文化祭で友達と一緒に焼き鳥の屋台を出す事になったよ！」 |
| お祖父ちゃん | 「そうか、それは楽しみだね！」 |
| 未織ちゃん | 「それで、未織は会計を担当することになったの」 |
| お祖父ちゃん | 「それは大役だ」 |
| 未織ちゃん | 「うん、初めてなので、うまくできるか心配なの」 |
| お祖父ちゃん | 「何が心配なのかな？」 |
| 未織ちゃん | 「だって、このお金は自分のお小遣いと違って、一緒に屋台をやる友達全員のお金でしょう？」 |
| お祖父ちゃん | 「そうだね！」 |
| 未織ちゃん | 「友達は全員、お金を何に使ったのか、いくら残っているのかなどを知りたいと思 |

うの？」

お祖父ちゃん　「当然、そうだろうね！」

未織ちゃん　　「お金を何に使ったのか、いくら残っているのかを友達に報告するにはどうすればいいのか、わからないの」

お祖父ちゃん　「そういうことか。だったら、文化祭が終了したら**収支報告書**を作って、それを友達全員に**配布**すればいい。そうすれば、屋台の設営に使ったお金や焼き鳥を売った金額などを報告することができるよ」

## 1. 準備する現金出納帳

未織ちゃん　　「収支報告書を作って配布するって、どうすれば作れるの？」

お祖父ちゃん　「会計係は屋台の設営にかかるお金を保管するだけでなく、その出し入れを記録するのが役目だよ」

未織ちゃん　　「ふん、ふん」

お祖父ちゃん　「そして、その記録から収支報告書を作るのだよ」

未織ちゃん　「なるほど！じゃあ、お金の出し入れの記録は収支報告書の作成に必要な情報を網羅するものでなければならないよね？」

お祖父ちゃん　「そう、そのとおり！」

未織ちゃん　「うん、わかるよ。じゃあ、どんな記録を残せば収支報告書を作れるの？」

お祖父ちゃん　「一般的な収支報告書は、お金の〝**入**〟である収入と〝**出**〟である支出を区分し、残高を表示する様式だよ。収入と支出は主な項目ごとに分けて金額を表示するのが一般的だ。例えば、こんなものだよ」

と言って、以下の表をホワイトボードに書きました。

---

**収支報告書**

| | |
|---|---|
| 1. 収入の部 | |
| 　学校助成金 | ×××円 |
| 　売上高 | ××× |
| 　小計 | ××× |
| 2. 支出の部 | |
| 　焼き鳥材料代 | ××× |
| 　調味料代 | ××× |
| 　屋台の借賃料 | ××× |
| 　ガス使用料 | ××× |
| 　小計 | ××× |
| 3. 差引現金残高 | ×××円 |

| 未織ちゃん | 「これが収支報告書か？この報告書の各項目の金額がわかるように、お金の出し入れ、つまり収入と支出の記録を作ればいいのね？」 |
|---|---|
| お祖父ちゃん | 「そのとおりだ」 |
| 未織ちゃん | 「収入と支出を記録する帳簿のようなものはあるの？」 |
| お祖父ちゃん | 「帳簿というほど大げさなものでなくとも、例えばノートに線を引いて、これらの情報を記録するコラムを作ればいい」 |
| 未織ちゃん | 「全然、イメージが湧かない？具体的に教えて！」 |
| お祖父ちゃん | 「例えば、こんな現金出納帳だ」 |

と言って、次の表を書きました。

図表 5-1：現金出納帳

| 収入 | | | 支出 | | |
|---|---|---|---|---|---|
| 日付 | 内容 | 金額 | 日付 | 内容 | 金額 |
| 10月x日 | 委員会助成金 | x x x | 10月x日 | 焼鳥材料購入 | x x x |
| 10月x日 | 売上高 | x x x | 〃 | 調味料購入 | x x x |
| 10月x日 | 売上高 | x x x | 10月x日 | 屋台の借賃支払い | x x x |
| | | | 〃 | ガス使用料支払い | x x x |
| | 合計 | x x x | | 合計 | x x x |

お祖父ちゃん 「この現金出納帳の**左側**には、収入の種類と金額を記録する。そして**右側**には、いつ、何に、いくら使ったかを記録するのだ」

未織ちゃん 「すると、収支報告書の作成に必要な情報をすべて記録できるね」

お祖父ちゃん 「そうだよ。この現金出納帳に収入と支出の日時、内容、金額を記録すれば、収支報告書を作成することができるようになる」

未織ちゃん 「案外と簡単ね！」

お祖父ちゃん 「でも、**図表5-1**の現金出納帳には、現金の残高の記載がない。言い換えれば、手元にあるべき現金の額がいくらなのかについての情報がないのだ」

未織ちゃん 「現金の残高の情報は、そんなに重要なの？現金の残高は、手に持っている現金を数えればわかるよ。それではダメなの？」

お祖父ちゃん 「現金出納帳の残高と手持ちの現金残高を照合することによって、現金出納帳の記録の漏れや誤りを発見することができる。逆に言えば、両者が一致すれば記録の漏れや誤りは〝ない〟と見なすことができるのだよ」

未織ちゃん 「なるほど、納得！ じゃあ、現金の残高を表示するように現金出納帳を変えればいいのね？」

お祖父ちゃん 「そうだよ」

未織ちゃん 「どのように変えればいいの。大変なの？」

お祖父ちゃん　「そんなことはない。例えば、こんなふうに
　　　　　　　　変えればいい」

と言って、**図表 5-2** をホワイトボードに書きました。

## 図表 5 -2：現金出納帳

| 日付 | 内容 | 収入 | 支出 | 残高 |
|---|---|---|---|---|
| 10 月 × 日 | 委員会助成金 | × × × | | × × × |
| 10 月 × 日 | 焼鳥材料購入 | | × × × | |
| 〃 | 調味料購入 | | × × × | × × × |
| 10 月 × 日 | 売上高 | × × × | | × × × |
| 10 月 × 日 | 売上高 | × × × | | × × × |
| 10 月 × 日 | 屋台の借賃支払い | | × × × | |
| 〃 | ガス使用料支払い | | × × × | × × × |
| | 合計 | × × × | × × × | × × × |

お祖父ちゃん　「収入や支出がある都度、残高を記録する。
　　　　　　　　そして、現金出納帳の残高と手持の現金残
　　　　　　　　高を照合し、一致するか否かを確認する」

未織ちゃん　　「なるほど。これも案外シンプルね。私にも
　　　　　　　　できそう」

未織ちゃん　　「現金出納帳の残高と手持の現金残高を照合
　　　　　　　　して、一致しないときはどうするの？」

お祖父ちゃん　「一致しないのは、現金出納帳に記録漏れや

　　　　　　　誤りがあるということだ」

未織ちゃん　「その時は、どうするの？」

お祖父ちゃん「現金出納帳の収入もしくは支出の欄に追加
　　　　　　　の記録をし、あるいは金額を訂正する」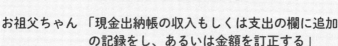

未織ちゃん　「そうすれば、屋台の設営に係る収入と支出
　　　　　　　を漏れなく、かつ正確に記録することがで
　　　　　　　きるということだね！」

お祖父ちゃん「そういうこと」

未織ちゃん　「ところで、現金出納帳の残高と手持ちの現
　　　　　　　金の照合は、どれくらいの頻度で行うの？」

お祖父ちゃん「そうだねぇ～、別に決まりがあるわけでは
　　　　　　　ないけれど、1日の活動が終了したら、つ
　　　　　　　まり1日の終わりに照合するのがいいかも
　　　　　　　ね。もし、1日の収入もしくは支出が頻繁
　　　　　　　に行われる場合は、午前と午後の2回照合
　　　　　　　するというのも、ありだ」

未織ちゃん　「そうすれば、記録の漏れや誤りを発見でき
　　　　　　　る可能性がより高まるよね！」

お祖父ちゃん「そういうこと。現金出納帳は**図表 5-1**と**図
　　　　　　　表 5-2**のどちらの様式で記録してもいいの
　　　　　　　だが、**図表 5-2**の方が有用性は高いね」

未織ちゃん　「そうね！ 私たちのグループでも**図表 5-2**
　　　　　　　の現金出納帳を作ることにするわ！」

お祖父ちゃん「頑張りなさい！」

## 2. 文化祭当日の記録

　よいよ文化祭が始まりました。

### ① 活 動

　焼き鳥の屋台を設営した未織ちゃんたちは、以下のような活動をしました。

- ● 10月1日に、文化祭の実行委員会に屋台の出店を届け、20,000円の参加助成金を受け取る
- ● 10月3日に、焼き鳥の材料15,000円分と調味料2,000円分を購入し、現金で支払う
- ● 文化祭初日の10月5日に、焼き鳥18,000円分を売り上げる
- ● 二日目の10月6日に、焼き鳥12,000円分を売り上げる
- ● 10月8日に、屋台の借り賃11,000円と、プロパンガスの使用料3,000円を支払う

### ② 現金出納長

　会計係の未織ちゃんは、**図表5-3**の現金出納帳を作成し、収入と支出の内容と金額を記録しました。

## 図表 5-3：現金出納帳

| 日 付 | 内 容 | 収 入 | 支 出 | 残 高 |
|---|---|---|---|---|
| 10月1日 | 委員会助成金 | 20,000 | | 20,000 |
| 10月3日 | 焼鳥材料購入 | | 15,000 | |
| 〃 | 調味料購入 | | 2,000 | 3,000 |
| 10月5日 | 売上高 | 18,000 | | 21,000 |
| 10月6日 | 売上高 | 12,000 | | 33,000 |
| 10月8日 | 屋台の借賃支払い | | 11,000 | |
| 〃 | ガス使用料支払い | | 3,000 | 19,000 |
| | 合 計 | 50,000 | 31,000 | 19,000 |

## ③ 収支報告書

　さらに未織ちゃんは、現金出納帳の記録にもとづいて**図表 5-4** の収支報告書を作成しました。

## 図表 5-4：収支報告書

### 収 支 報 告 書

1. 収入の部
   - 学校助成金　　　　　20,000 円
   - 売上高　　　　　　　30,000
   - 小 計　　　　　　　50,000

2. 支出の部
   - 焼き鳥材料代　　　　15,000
   - 調味料代　　　　　　 2,000
   - 屋台の借賃　　　　　11,000
   - ガス使用料　　　　　 3,000
   - 小 計　　　　　　　31,000

3. 差引現金残高　　　　19,000 円

　一緒に屋台を設営した友達に収支報告書を配布し、屋台の設営に係る収支と現金の残高を、無事、報告することができました。

　お祖父ちゃんにも報告しました。

## 3. 企業の会計との違い

未織ちゃん　　「屋台の収支報告書の最後にある現金残高は収入と支出の差額だから、企業の儲けと同じだよね？」

お祖父ちゃん　「そうだよ！」

未織ちゃん　　「じゃ、収支報告書は企業の報告書みたいだね？」

お祖父ちゃん　「そうだね。だけれども企業の報告書はもっと複雑だよ！」

未織ちゃん　　「そうなの？」

お祖父ちゃん　「企業は、生産の3要素である**土地**、**労働力**、そして**資本財**と呼ばれる機械装置や原材料などの生産用具を調達し、これを結びつけて**生産活動を営んでいる**」

未織ちゃん　　「うん、学校で習ったよ！」

お祖父ちゃん　「具体的には、企業は土地や機械装置などを購入し、従業員を雇って給料を支払い、原材料などを購入して代金を支払い、財やサービスを生産している。そして、その財やサー

ビスを消費者へ販売し、対価として現金を
受け取っているのだよ」

未織ちゃん　「企業の活動は複雑だね！」

お祖父ちゃん「財やサービスの販売で得たお金が、従業員
の給料や原材料などの購入のために支払っ
たお金を超える部分を**利潤**という。この利
潤は企業の株主へ分配したり、新しい生産
用具の購入などへ振り向けられたりする」

未織ちゃん　「利潤の大きさや、それをどう使うかは、誰
が決めるの？」

お祖父ちゃん「利潤の大きさは、企業の会計によって計算
できる。利潤をどのように使うかは会社の
経営者が決めるが、その前に株主の承認を
受けなければならない」

未織ちゃん　「株主の承認を受けるのには、どうするの？」

お祖父ちゃん「会社の経営者は、企業の会計で計算された
利潤の大きさと、将来において企業が受け
取り、あるいは支払うお金の大きさを株主
へ報告し、承認を受けるのだよ」

未織ちゃん　「どのようにして報告するの？」

お祖父ちゃん「焼き鳥の屋台では収支報告書を作成した
よね。企業の場合は貸借対照表や損益計
算書で構成される**財務諸表**を作成して報
告する。株主によって承認された財務諸
表は、債権者やその他の利害関係者にも
公表される」

未織ちゃん　「そうなの！」

お祖父ちゃん　「この財務諸表の情報に基づいて経営者は〝なぜ、この利益の額になったのか〟〝なぜ赤字になったのか〟」などを振り返り、〝来年、利益を100万円増やすにはどうすればよいか〟などを考えるのだよ」

未織ちゃん　「わかった！」

お祖父ちゃん　「また、企業へ資金を提供している株主や金融機関等は、この財務諸表の情報に基づいて〝現在の投資を維持するか〟〝追加の出資に応じるか〟〝貸付を継続するか〟〝追加の貸付に応じるか〟などを判断するのだよ」

未織ちゃん　「そうか！じゃ、企業の会計は、様々な人に広く利用されているのだね？」

お祖父ちゃん　「そのとおりだよ」

# 第 **2** 部

# 公共を学ぶ
# 高校生

### 企業の生産活動と会計

# 企業の生産活動と会計を学ぶ

## 1. 企業の生産活動

**企**業は、社会の中で**生産活動**を営みます。

## （1）生産活動とは？

　生産活動とは、人間が自然に働きかけて財やサービスを作る活動です。

　企業は生産の**3要素**である**土地**、**労働力**、**資本財**（機械装置や材料などの生産用具）を調達し、これらを結びつけて生産活動を営みます。

　すなわち企業は、調達した資金で土地や機械装置などを購入し、従業員を雇って給料を支払い、原材料などを購入して代金を支払い、それらを結合して**財やサービス**を生産し、それを消費者に販売し、その対価として**現金**を受け取ります。そして、この活動を繰り返します。

　生産した財やサービスの販売で得た現金が、従業員の給料や原材料などの購入のために支払った現金を超える部分を**利潤**といいます。

　この利潤は、企業を設立した人に全額を分配することもできますが、分配する割合を3〜4割に留め、残りを土地の購入や従業員の雇用、

資本財の調達に振り向けます。これにより、企業が生産活動に使用できる生産の3要素は増えていき、企業の生産規模は拡大していきます。

## （2）株式会社の活動

　企業には**公企業**と**私企業**がありますが、大部分は私企業です。私企業には個人で生産活動を営む**個人企業**と複数人が出資して生産活動を営む**法人企業**（いわゆる**会社**）があります。会社には様々な法形態がありますが、最も多いのが**株式会社**です。

　株式会社は様々な生産活動を営みます。最も多いのは衣服や食料品、PC、スマホなどの財を生産し販売する物品販売業を営む会社です。この他にも流通、運輸、通信、金融、アプリの提供などのサービス業を営む会社もあります。

　物品販売業を営む株式会社は、以下のような活動をします。

　まず、株式の発行や金融機関からの借入れで生産活動に必要な資金を調達します。

　次に、調達した資金で土地や原材料、生産設備等を購入し、生産や販売活動を担う従業員を雇用します。さらに、生産活動に必要な資材などを消費し、通信や運輸等の各種サービスを使用します。

　そして、原材料や生産設備、資材や各種サービスを結びつけて物品を生産し、顧客へ提供します。

## （3）会社の資金の流れ

　このような株式会社の活動は、**資金の流入**と**流出**を伴います。主な活動とそれに伴う資金の流れを示すと**図表6**のようになります。右

側が資金の流入（受取り）、左側が資金の流出（支払い）です。

　資金の流れに示された①〜⑦の番号は、会社における一般的な資金の流れの順番を表しています。

　会社は、経営者が自ら**出資**する他に、親族、友人、その他の独立した人からも出資を受けます（①）。出資をする人は、代わりに会社の**株式の交付**を受けるので**株主**と呼ばれます。

　株主の出資で不足する場合は、銀行等から借入れをします（②）。

　この資金で生産設備等の購入代金（③）、従業員の給料（④）、販売や管理等の活動に必要な物品やサービスの購入代金（⑤）、あるいは原材料の購入代金（⑥）を支払います。

　そして、生産した物品やサービスを顧客へ販売して、販売代金を受け取ります（⑦）。

## 図表６：会社を取巻く資金の流れ

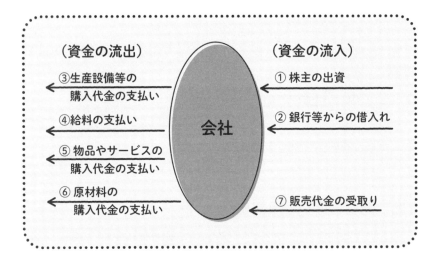

## （4）関係者の関心

　会社に出資した株主（①）や貸付けをした銀行等の金融機関（②）は、提供した資金は回収できるのか、利息や配当は確実に受け取れるのか、株式は出資金額よりも高く転売できるか、などに関心を持っています。

　しかし、会社の事業が成功する保証はありません。失敗することも多々あります。会社の事業が失敗すると、株主や金融機関は配当や利息を受け取れないだけでなく、提供した資金の回収もできなくなってしまうリスクを負っています。

　また、代金を後日支払ってもらう約束で生産設備や原材料、その他の物品やサービスを会社に提供する会社（③、⑤、⑥）は、確実に代金の支払いを受けることができるのか、いつ受け取れるのか、などに関心を持っています。

　従業員（④）も、給料日に給料の支払いを受けられるのか、ボーナスは支払われるのか、いくら支払われるのかなどに関心を持っています。

　顧客（⑦）も、会社が存続し続け、ずっとアフターサービスを受けられるか、などに関心を持っています。

　会社と取引を行う株主や銀行等、そして財やサービスを提供する会社や顧客は会社の**利害関係者**と呼ばれますが、利害関係者は会社の経営に係る財務の状況、特に資金の状況に無関心ではいられません。

## 2. 企業会計の役割

**利**害関係者が関心を持つ会社の経営に係る財務や資金の状況に係る情報は**企業会計**によって生み出されます。

　企業会計は、会社や自営業者が行う財やサービス、および現金の受取りと付与を記録し、報告する会計です。

　会社の経営者は毎日の事業に携わっているので、企業会計が生み出す情報に直に接することができます。しかし、会社に資金を提供する株主や銀行等、その他の利害関係者、および潜在的な投資家等はできません。

　これを補うために法律は、財務に関する情報、事業の経過、設備投資、対処すべき課題、主な営業所と工場、従業員の数などを含む会社の経営に関する情報を定期的に外部に公表することを義務付けています。

　このうち、財務に関する情報の公表は貸借対照表、損益計算書などで構成する財務諸表（**決算書**とも呼ばれる）で行います。

# （1）適正な財務情報の提供

## ① 会計基準の適用

　会計の情報は事実と慣習、そして判断の総合で成り立っています。このため、同じ財やサービスの受取りや付与であっても、人によって異なる数字の財務諸表が作成される可能性があります。そして、財務諸表の情報は様々な人の判断に利用されます。

　したがって、財務諸表が提供する情報は恣意的なものではなく、適正なものでなければなりません。適正な情報とは、**会計基準**に則って作成された情報を言います。

　会計基準は法律ではありませんが、広く一般に**公正妥当と認められた企業会計の慣習**であり、財務諸表を作成する際には必ず**遵守**しなければならないものです。

　また会社の経営者は、会計基準に則って財務情報を作成することが

できるように、会社内の業務手続きを整備し、運用する責任があります。

## ② 会計監査

　財務諸表は、いわば、会社の成績表です。学校の生徒の成績表は教員が作成し、生徒自身が作成することはありません。しかし、会社の成績表は会社自身が作ります。そのため、自分の成績を実際よりもよく見せようとする誘惑に駆られます。

　そこで、会社が作成した財務諸表が会計基準に則って作成されていることを証明するために、会社から独立した第三者である**公認会計士**もしくは**監査法人**による**会計監査**が上場会社や大会社に義務付けられています。

　監査の結果は**監査報告書**に記載され、財務諸表とセットで公表されます。

# （2）社会的機能

　企業会計が提供する情報にもとづいて株主は受け取る配当の額を知ることができ、株式を証券取引所で売却するタイミングなどを判断することができます。また銀行等は貸付けを継続するか、それとも中止するか、貸付けの利率を何パーセントにするかなどを決定することができます。

　その他の利害関係者は会社との取引を継続するか否かを決定することができます。

　財務と資金の状況に係る情報を社外へ提供する企業会計の仕組みが存在することで、株主や銀行等は安心して会社に資金を提供し、取引をすることができます。他方、会社は多額の資金を集めて事業を営み、

社会に役立つ財やサービスを創造し提供することができるようになるのです。

すなわち企業会計は、資金を必要とする会社と会社に資金を提供する人（株主や金融機関）の間のコミュニケーションを助け、社会の資本と会社の事業、取引先を結びつけ、私たちの生活を豊かにする機能があるのです。

## 3. 会計情報の作成プロセス

### (1) 情報の集計

すでに述べたように、会社は生産活動に必要な資金を調達し、それで土地や機械装置、原材料などを購入します。また、従業員を雇用します。そして、それらを結びつけて生産した財やサービスを消費者に提供します。それに伴い、現金を支払い、もしくは受け取ります。

これらの日々の活動による財やサービスの受取りと付与、それに伴う現金の授受の情報は一箇所に集められます。現在ではコンピュータで集計します。

集計した情報にもとづいて受け取り、もしくは付与した財やサービス、そして受け取りあるいは支払った現金の増減を計算します。この計算結果にもとづいて財務諸表を作成します。

この状況を一覧にしたのが、「**図表 7：会社の業務と会計記録の流れ**」の図です。

## 図表 7：会社の業務と会計記録の流れ

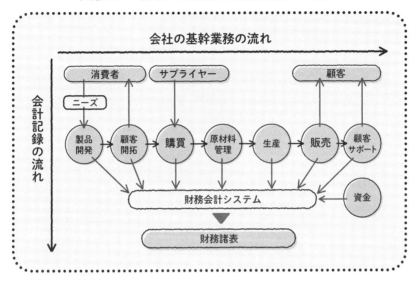

この図の横の〝会社の基幹業務の流れ〟は、会社の主要な活動が流れ作業になっていることを示しています。

縦の〝会計記録の流れ〟は、各活動による財やサービスおよび現金の受取りと支払いが財務会計システムに集計されて、財務諸表が作成されることを示しています。

## （2）財務諸表

会社は**1年ごと**に利潤（会計では**利益**と呼びます）を計算し、その結果を株主や債権者、その他の利害関係者に報告します。

また、会社間の取引では**信用取引**が一般的で、財やサービスの授受の時期と現金の収支の時期は一致しません。一般的には、財やサービスの授受が先で、後に現金の収支がついてきます。

　そのため企業会計は、一定期間（**原則 1 年間**）で稼いだ利潤の額を表示するとともに、将来において会社が受け取り、あるいは支払うであろう現金の大きさを予測するための情報を利害関係者に報告するものでなければなりません。

　財務諸表は複数の書類で構成されますが、前者の情報を提供するのが**損益計算書**で、後者の情報を提供するのが**貸借対照表**です。

## ① 貸借対照表

　財を販売する会社の貸借対照表の様式は、以下のようになります。

### 財を販売する会社の貸借対照表

（2022 年 3 月 31 日現在）（単位：千円）

| 科目 | 金額 | 科目 | 金額 |
|---|---|---|---|
| （資産の部） | | （負債の部） | |
| 流動資産 | | 流動負債 | |
| 　現金・預金 | 1,079,000 | 　買　掛　金 | 300,000 |
| 　売　掛　金 | 594,000 | 　短期借入金 | 150,000 |
| 　商　　品 | 250,000 | 　未払法人税等 | 53,000 |
| 　原　材　料 | 120,000 | 　そ　の　他 | 40,000 |
| 　そ　の　他 | 30,000 | | |
| 　流動資産計 | 2,073,000 | 　流動負債計 | 543,000 |
| 固定資産 | | 固定負債 | |
| 　土　　地 | 255,000 | 　長期借入金 | 200,000 |
| 　建　　物 | 400,000 | 　社　　債 | 400,000 |
| 　機械装置 | 300,000 | 　固定負債計 | 600,000 |
| 　そ　の　他 | 100,000 | 　負債合計 | 1,143,000 |
| | | （純資産の部） | |
| | | 　資本金 | 1,000,000 |
| | | 　繰越利益剰余金 | 985,000 |
| 　固定資産計 | 1,055,000 | 　純資産合計 | 1,985,000 |
| **資産合計** | 3,128,000 | **負債・純資産合計** | 3,128,000 |

貸借対照表の左側は**資産**と呼ばれ、現金・預金と売掛金以外は会社が現金を支払って購入した土地や資本財です。**図表6**でいうと③と⑥の資金の流出に該当するものです。資金が流出した代わりに、会社はこれらの土地や資本財を受け取ったのです。

**現金・預金**はこれから土地や資本財の購入に当てられるものです。**売掛金**は財を販売した代金で未回収のものです。回収した時点で現金・預金になります。

これらの資産は、会社が将来において利用可能な資源を表しています。

一方、右側の**負債**は会社が将来において弁済しなければならない債務です。将来、この金額に相当する現金が会社から流出することを示しています。

**図表6**でいうと②の資金の流入に該当するものです。資金が流入した代わりに、将来これを返済する義務を負ったものです。

**純資産**は資産と負債の差額です。**図表6**でいうと①の資金の流入に該当するものです。さらに、損益計算書で計算された利益の累積額である**繰越利益剰余金**も純資産を構成します。

## ② 損益計算書

財を販売する会社の一般的な損益計算書の様式は、以下のようになります。

## 財を販売する会社の損益計算書

（2021年4月1日から2022年3月31日まで）（単位：千円）

| | |
|---|---:|
| 売 上 高 | 5,000,000 |
| 売 上 原 価 | 3,550,000 |
| 　売上総利益 | 1,450,000 |
| （販売費及び一般管理費） | |
| 　支 払 給 料 | 200,000 |
| 　減価償却費 | 90,000 |
| 　旅費交通費 | 60,000 |
| 　接待交際費 | 30,000 |
| 　広告宣伝費 | 30,000 |
| 　その他 | 22,000 |
| 　　販売管理費合計 | 432,000 |
| 　　営業利益 | 1,018,000 |
| （営業外収益） | |
| 　受取利息 | 7,000 |
| （営業外費用） | |
| 　支 払 利 息 | 25,000 |
| 　　税引前当期利益 | 1,000,000 |
| 法 人 税 等 | 400,000 |
| 　当期利益 | 600,000 |

　損益計算書は、日常の営業活動において顧客に販売した財やサービスの金額である**売上高**、その活動のために消費した物品やサービスの購入金額である**売上原価**と**販売及び一般管理費**、それ以外の**収益**と**費用**を表示します。

　売上高は**図表6**でいうと⑦の資金の流入に該当します。売上原価と販売及び一般管理費などの費用は、**図表4**でいうと④と⑤の資金の流出に該当します。

　すべての収益と費用の差額が**当期利益**になります。

損益計算書に表示された当期利益の過去からの累積額が貸借対照表の**繰越利益剰余金**になります。つまり貸借対照表は、会社を取り巻くすべての資金の流入と流出（（**図表6**の①〜⑦）の結果を表示していることになります。

**対話編**

# 高2・未織ちゃん

## 企業の生産活動と会計を学ぶ

**高**校2年生になった未織ちゃんです。社会科の公共の授業で企業の生産活動と会計について習ったのですが、社会経験がないために両者の関係がしっくりと理解できません。元大学教授で公認会計士のお祖父ちゃんに、会計の話を聞いています。

## 疑問4
## 会社の資金の流れ？

未織ちゃん 「企業の会計は、企業の生産活動に伴う財やサービスおよび現金の出し入れを記録するというけれど、具体的に何を記録するのかわからなくて、モヤモヤしているの！」

お祖父ちゃん 「未織は、**企業の生産活動**というのは何をすることだと理解しているのかな？」

未織ちゃん 「生産活動というのは、人間が自然に働きかけて**財やサービス**を作ることでしょう？」

お祖父ちゃん 「そのとおりだ。では、財やサービスを生産するには、何が必要だろう？」

未織ちゃん 「生産の3要素である**土地**、**労働力**、**資本財**が必要です」

お祖父ちゃん 「資本財というのは、どういうものかな？」

未織ちゃん 「機械装置や原材料などの生産用具だよね?」

お祖父ちゃん 「そうだね。企業は、株主の出資や金融機関からの借入れで調達した資金で、土地や機械装置などを購入し、従業員を雇って働いてもらい、原材料などを購入し、それらを結合して人間が必要とする物品やサービスを作っている」

未織ちゃん 「そして、生産した物品やサービスを消費者に販売しているのだよね」

お祖父ちゃん　「そうだよ。また、土地や機械装置、原材料を購入し、従業員に働いてもらうと、その対価として**現金**を支払うことになる」

未織ちゃん　「そうだね」

お祖父ちゃん　「生産した物品やサービスを消費者に販売すると、その対価として現金を受け取る」

未織ちゃん　「うん、わかるよ！」

お祖父ちゃん　「このように、企業の生産活動にともなって入ってくるお金と出ていくお金があるのだよ」

未織ちゃん　「そうなんだ。様々な種類のお金が入ってきて、出ていくのだね。どんな種類のお金が出ていき、入ってくるの？」

お祖父ちゃん　「じゃあ、次は企業の中の**株式会社**を例にして、会社を取り巻くお金の流れと種類について整理してみようか」

未織ちゃん　「は〜い！」

## 1. 資金の流れ

お祖父ちゃん「それでは、さっそく始めようか。これが物品を販売する株式会社の大まかな資金の流れだよ」

と言って、**図表 8** をホワイトボードに書きました。

### 図表 8：資金の流入と流出

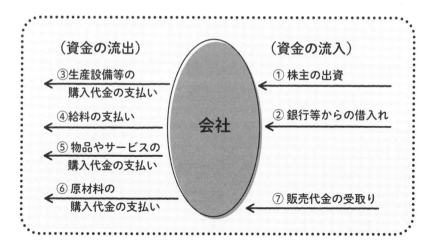

（資金の流出）　　　　　　　　　（資金の流入）

③生産設備等の購入代金の支払い ← 会社 ← ① 株主の出資

④給料の支払い ← ② 銀行等からの借入れ

⑤ 物品やサービスの購入代金の支払い ←

⑥ 原材料の購入代金の支払い ← ⑦ 販売代金の受取り

お祖父ちゃん「この図の右側が資金の流入つまり会社に入ってくる資金の主な種類を、左側が資金

の流出つまり会社から出ていく資金の主な種類を表している」

未織ちゃん　「これは、わかりやすいね。こうすると、会社に入ってくる資金、出ていく資金の全体がわかるね？」

お祖父ちゃん　「そうだろう！」

未織ちゃん　「ところで、資金の流れに付けられた①〜⑦の番号は、な〜に？」

お祖父ちゃん　「この番号は、一般的な会社における資金の流れの順番を示している」

未織ちゃん　「この番号順に、資金の流れが起きるということ？」

お祖父ちゃん　「そうだよ。でもこれは、あくまでも一般的な順番であって、すべての会社で、この順番になるとは限らないということを忘れないことだ」

未織ちゃん　「は〜い、わかりました！」

お祖父ちゃん　「では、番号順に見ていこうか。まずは**会社の設立**からだ」

未織ちゃん　「会社の設立って何？」

お祖父ちゃん　「新しく会社を作ることだ。法律で定められた内容を記載した書類を役所に提出すれば、会社を作ることができる」

未織ちゃん　「ふ〜ん、簡単なんだね」

お祖父ちゃん　「会社を設立する際は、当面の**運転資金**を確保するために株主が資金を拠出するのが一般的

だ。これを〝**株主の出資**〟と言う。この図の①が株主の出資だよ」

未織ちゃん　「運転資金というのは何？」

お祖父ちゃん　「運転資金と言うのは、④〜⑥の給料の支払い、物品やサービス、原材料等の購入代金支払いのための資金のことだよ。簡単に言えば、会社の日常の活動に必要なお金のことだ」

未織ちゃん　「へぇ〜。でも、株主は、どうして会社に資金を拠出するのかしら、何かメリットがあるの？」

お祖父ちゃん　「会社は、出資の見返りに**株式を発行**する。逆に言うと、出資した人は、その見返りに**株式を取得**するのだよ」

未織ちゃん　「もしかして…、会社の株式を持っているから**株主**と呼ばれるたりして？」

お祖父ちゃん　「そのとおりだ！」

未織ちゃん　「えっ、そうなの？じゃあ、株主が出資するメリットは株式を取得すること？」

お祖父ちゃん　「株主は、会社に利益がある場合に配当の支払いを受けることができるし、将来株式の価値が上昇したときに、株式を証券市場で売却して、出資した額以上のお金を回収することができるのだよ！」

未織ちゃん　「そうか！」

未織ちゃん　「もし株主が出資した資金だけでは、運転資金として足りない場合はどうするの？」

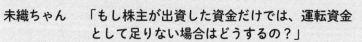

お祖父ちゃん　「そのときは②の銀行等から借りることになる」

未織ちゃん　「銀行等が会社にお金を貸すのはなぜかしら？どのようなメリットがあるの？」

お祖父ちゃん　「銀行等が会社にお金を貸すことを、一般的には〝融資〟という。会社は、銀行等から融資を受けたときの契約に基づいて、利益の有無にかかわらず、銀行等に**利息**を支払う」

未織ちゃん　「利益がなくても、利息を支払うの？」

お祖父ちゃん　「そうだよ」

未織ちゃん　「仕事に必要なお金を確保するのも大変なのね」

お祖父ちゃん　「そうだね」

未織ちゃん　「ところで、③の生産設備等の代金支払いに必要な資金はどうするの？」

お祖父ちゃん　「③の設備等の代金支払いに必要な資金は**設備資金**と呼ばれている。この資金は会社設立後すぐに必要なわけではないし、それほど頻繁に支出があるわけでもない。でも、1回当たりの支払金額が大きくなるのが特徴だ」

未織ちゃん　「そうなんだ。じゃあ、設備資金は、どうやって確保するの？」

お祖父ちゃん　「設備資金も株主の出資や銀行等からの借入れで賄うのが一般的だね」

| | |
|---|---|
| 未織ちゃん | 「ふ～ん」 |
| 未織ちゃん | 「資金の流入には①、②、⑦の３つがあるけれど、どれも同じなの？」 |
| お祖父ちゃん | 「いや、同じじゃない。会社は、①の株主の出資に対して**配当**を支払うし、②の借入れに対しては利息を支払う。だけれども、⑦の販売代金の受取りは、会社が自分で稼いだものだから、一切の負担がないのだ」 |
| 未織ちゃん | 「だったら、⑦の販売代金の受取りで、③～⑥のすべての支払いを賄えたらいいね」 |
| お祖父ちゃん | 「そうだね。会社は、⑦の販売代金の受取りで③～⑥のすべての支払いを賄うのが望ましいね」 |

## 2. 企業会計の役割

| | |
|---|---|
| お祖父ちゃん | 「会社に出資した株主や会社に融資した銀行等は、配当や利息は受け取れるか、出資金は戻ってくるか、提供した資金は返済されるか、株式は出資金額よりも高い金額で転売できるか、などに関心を持っている」 |
| 未織ちゃん | 「資金を手にした会社の経営者は事業に必要な投資をするけれど、事業が成功する保証 |

はないよね？」

お祖父ちゃん　「むしろ失敗することの方が多い。成功するのは、極、わずかと言われている」

未織ちゃん　「そんなに低いの？失敗するとどうなるの？」

お祖父ちゃん　「もし事業が失敗すると、株主や銀行等は配当や利息を受け取れないだけでなく、提供した資金の回収もできなくなってしまう」

未織ちゃん　「そうすると、事業が成功するかどうか、心配だよね！」

お祖父ちゃん　「代金を後日支払って貰う約束で生産設備や原材料、その他の物品やサービを会社に提供する会社（③、⑤、⑥）は、確実に代金を受け取ることができるか、いつ受け取れるか、などに関心を持っている」

未織ちゃん　「もし、代金を受け取れなければ、まるまる、損だものね！」

お祖父ちゃん　「従業員も、給料日に給料の支払いを受けられるか、ボーナスは支払われるか、いくら支払われるか、などについて関心を持っている」

未織ちゃん　「給料を受け取れなければ、タダ働きだよね！」

お祖父ちゃん　「顧客も、会社がいつまでも存続し、ず〜っとアフターサービスを受けられるか、などに関心を持っている」

未織ちゃん　「もし会社が潰れたら、アフターサービスを受けられなくなっちゃうね」

お祖父ちゃん　「会社と取引を行う会社や顧客は**利害関係者**と呼ばれるけれど、利害関係者は会社の財務の状況、特に資金の状況に無関心ではいられないのだよ」

未織ちゃん　「財務の状況や資金の状況って何？」

お祖父ちゃん　「会社は儲かっているか、利息や配当、購入代金を支払うのに十分な現金があるか、などだよ」

未織ちゃん　「そうか、わかった！」

お祖父ちゃん　「儲けの状況と資金の支払能力などの情報は、**企業会計**によって生み出されるのだよ」

未織ちゃん　「そうなんだ！」

## 3. 適正な財務情報の提供

お祖父ちゃん　「企業会計は、会社の日々の活動による物品やサービスおよび現金の出し入れを記録し、増減を計算している」

未織ちゃん　「そうなんだね？」

お祖父ちゃん　「毎日の事業に携わっている会社の経営者は、これらの情報に直（じか）に接することができるが、

　　　　　　　　　　株主や銀行等はできない」

未織ちゃん　　　　「そうか！」

お祖父ちゃん　　　「これを補うために法律は、財務に関する情報、事業の経過、設備投資、対処すべき課題、主な営業所と工場、従業員の状況などを含む会社の経営の状況に関する情報を定期的に外部に公表することを会社に義務付けているのだよ」

未織ちゃん　　　　「そうなんだ！」

お祖父ちゃん　　　「このうち、財務に関する情報の公表は**貸借対照表**、**損益計算書**などで構成する**財務諸表**で行われる。この財務に関する情報は様々な人の判断に利用されるので、適正な情報を提供することが求められているのだよ」

未織ちゃん　　　　「〝**適正な情報**〟って何？、何が適正な情報なの???」

お祖父ちゃん　　　「適正な情報とは、**会計基準に則って作成された情報**をいうのだよ」

未織ちゃん　　　　「会計基準って何？法律なの???」

お祖父ちゃん　　　「会計基準は法律ではないけれど、**広く一般に公正妥当と認められた企業会計の慣習**であって、財務諸表を作成する際には必ず**遵守**しなければならないルールだ」

未織ちゃん　　　　「そうか！ ルールだから、守らなければいけないのだね？」

お祖父ちゃん　　　「そうだよ」

未織ちゃん 「ふ〜ん、企業会計の情報は会計基準に基づいて作るんだ！」

お祖父ちゃん 「そう。さらに上場会社や大企業では、会社から独立した第三者である**公認会計士**もしくは**監査法人**に**会計監査**を委嘱し、〝財務諸表が会計基準に則って作成されている〟という証明を受けることが義務付けられている」

未織ちゃん 「財務諸表が適正な情報を提供するように、二重、三重の措置が講じられているのだね！」

お祖父ちゃん 「そうだね。財務に関する適正な情報を外部に公表する企業会計の仕組みが存在することで、株主や銀行等は安心して会社に資金を提供することができるのだよ」

未織ちゃん 「企業会計は、会社の事業と社会にある資金を結びつける役目があるのだね？」

お祖父ちゃん 「そう。会社は、その資金を使って社会に役立つ物品やサービスを生産し、私達の生活を豊かにしているのだよ」

## 疑問5
# 企業会計の情報はどう作る？

**生**産活動と会計情報の関係については理解したのですが、その情報がどのようにして作られるのか、不思議に思う未織ちゃんです。

## 1. 情報の収集

| 未織ちゃん | 「ところでお祖父ちゃん、企業会計は、どのようにして毎日の活動による物品やサービスや現金の出し入れを記録し、増減を計算しているの？」 |
| --- | --- |
| お祖父ちゃん | 「企業会計は、物品やサービスの購入・消費と他社への物品やサービスの提供、およびそれらに係る現金の出し入れを記録し、その増減を計算しているのだよ」 |
| 未織ちゃん | 「すると、企業会計は、会社の中のすべての部署の活動に伴う物品やサービスおよび現金の出し入れを記録し、増減を計算して、その結果を報告しているっていうことなの???」 |
| お祖父ちゃん | 「そのとおりだ」 |

| 未織ちゃん | 「うへっ、ものすごい量になるよね！ そんなことを毎日やっているの！？」 |
|---|---|
| お祖父ちゃん | 「そうだよ。ただし、**基幹業務**と**補助業務**を比べると、基幹業務の方が物品やサービスおよび現金の出し入れに占める割合が圧倒的に大きい」 |
| 未織ちゃん | 「基幹業務や補助業務って何？」 |
| お祖父ちゃん | 「基幹業務は、購買や生産・販売など、会社の中心的な業務のことだよ。補助業務は、基幹業務のために人や資金、情報などを提供する業務のことだよ」 |
| 未織ちゃん | 「なんとなく、納得！」 |
| お祖父ちゃん | 「これは、会社の基幹業務と会計記録の流れの関係を一覧にしたものだ」 |

と言って、以下の図をプロジェクターでホワイトボードに映しました。

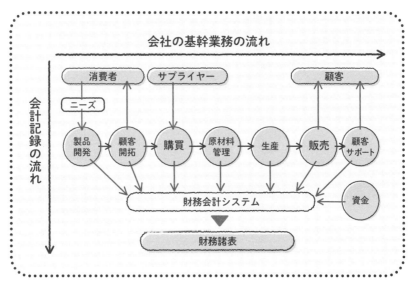

会社の基幹業務の流れ

会計記録の流れ

消費者　サプライヤー　　　　　顧客

ニーズ

製品開発　顧客開拓　購買　原材料管理　生産　販売　顧客サポート

資金

財務会計システム

財務諸表

未織ちゃん　　「この図はどう見るの？」

お祖父ちゃん　「横の "会社の基幹業務の流れ" は、矢印で流れるように示されている。これは、会社の中の各部署の仕事は一貫した流れ作業になっていることを示している」

未織ちゃん　　「なるほど！ イメージが湧いて、わかりやすい」

お祖父ちゃん　「縦の "会計記録の流れ" は、各部署の活動による物品やサービス、および現金の出し入れが記録され、増減が計算され、財務諸表が作成されるまでを表している」

未織ちゃん　　「へぇ〜、会社のすべての部署で発生した物品やサービス、現金の出し入れは、最終

的に**財務会計システム**に集計され、増減が
計算され、財務諸表が作成されるというこ
とか！」

お祖父ちゃん　「そうだよ。その財務諸表を公表することに
よって、会社の財務や資金の状況に関する
情報を株主や銀行、その他の利害関係者に
提供しているのだ」

未織ちゃん　　「そうなんだ」

## 2. 情報の記録と計算

未織ちゃん　　「お祖父ちゃん、〝財務会計システムは、す
べての部署で発生した物品やサービスおよ
び現金の出し入れを記録し、それを集計し
て増減を計算し、財務諸表を作成する〟と
言ったけれど、それらをどのようにして記
録し、増減を計算しているの？」

お祖父ちゃん　「では、次は企業会計の記録と計算の方法に
ついて話をしよう」

未織ちゃん　　「はい！」

## （1）企業会計の特徴

お祖父ちゃん　「前に話したように、会社は原材料、物品や
　　　　　　　サービス、機械装置などの生産設備を購入
　　　　　　　し、それを使って物品やサービスを生産し
　　　　　　　て顧客に販売している。そして購入代金を
　　　　　　　支払い、販売代金を受け取る」

未織ちゃん　　「物品やサービスの流れと逆方向に現金の流
　　　　　　　れがあるのだよね？」

お祖父ちゃん　「そうだよ。会社の活動に伴って、様々な物
　　　　　　　品やサービスを受け取ったり付与し、代わ
　　　　　　　りに現金を支払ったり受け取ったりしてい
　　　　　　　るのだ」

未織ちゃん　　「この物品やサービスおよび現金の出し入れ
　　　　　　　を記録し、増減を計算するのが会計だった
　　　　　　　よね？」

お祖父ちゃん　「そのとおり。ところで会社は営利、すなわ
　　　　　　　ち儲けることを前提に活動している。その
　　　　　　　ため、会社の会計、すなわち企業会計も**儲
　　　　　　　けの大きさを表現できるもの**でなければな
　　　　　　　らないのだ」

未織ちゃん　　「儲けるというのは現金を増やすことよね、
　　　　　　　お祖父ちゃん？」

お祖父ちゃん　「確かに儲けるというのはお金を増やすこと
　　　　　　　だ。しかし、会社の場合は、儲かることと
　　　　　　　現金が増えることは、必ずしも同じではな
　　　　　　　いのだよ」

未織ちゃん　　「えっ、同じではないの？　どうして、ねえ、

どうして???」

お祖父ちゃん　「その理由は、会社間の取引は**信用取引**が主だからだよ。もし現金取引ならば、儲けた金額と現金の増加額は同じになる。しかし信用取引では、現金を受け取るタイミングが物品やサービスの提供よりも1か月とか2か月後になる」

未織ちゃん　「儲かった分の現金は、1か月とか2か月後にやっと増えるということ？ それまでは、現金は手に入らないということ？？」

お祖父ちゃん　「そう。同様に、物品やサービスはすでに受け取って消費したけれど、代金は未だ支払っていない、というのもある」

未織ちゃん　「そうか！」

未織ちゃん　「ところで、さっき〝企業会計は儲けの大きさを表現できるものでなければならない〟って言っていたけど、どういうことなの？」

お祖父ちゃん　「いろいろあるけれど、一番大きいのは〝**期間計算**〟に対応しなければならないということだね」

未織ちゃん　「期間計算???」

お祖父ちゃん　「そう。会社は、1年に一度決算をして、どれだけ儲かったかを計算し、その結果を、貸借対照表や損益計算書で公表しなければならない」

未織ちゃん　「はい！」

お祖父ちゃん　「ところが信用取引があるために、決算をす

るときにまだ回収していない販売代金や支払っていない購入代金が存在するのが、普通だ」

未織ちゃん　「うん、さっき聞いたよ！」

お祖父ちゃん　「あるいは、購入代金を支払った建物や機械装置は、これから先、何年にもわたって使用し続け、物品やサービスを生産するのに使える」

未織ちゃん　「そうして生産した物品やサービスを販売すれば、代金を何年にもわたって受け取ることができるね！」

お祖父ちゃん　「そうだね。これらを区別するために企業会計では、未だ回収していない販売代金や支払っていない購入代金、将来も使える建物や機械装置、顧客に販売した物品やサービスの売上高、購入して消費した物品やサービスなどを**資産**、**負債**、**純資産**、**収益**、**費用**の5つに大分類するのだ」

未織ちゃん　「すると、どうなるの？」

お祖父ちゃん　「この5つのうちの収益と費用の2つを組み合わせることで、過去の一定期間で獲得した利益の額、すなわち儲けの大きさを表示することが可能になる。そして、残り3つの資産、負債、純資産を組み合わせることで、将来のお金の流出入を予測できる情報を表示することが可能になるのだよ」

未織ちゃん　「そうなんだ！」

## （2）記録の方法

未織ちゃん 「物品やサービスおよび現金の出し入れを記録する際には、何か特別な方法があるの？」

お祖父ちゃん 「特別な方法というわけではないが、**複式簿記**の使用が必須になる」

未織ちゃん 「どうして？」

お祖父ちゃん 「通常、物品やサービス、そして現金の出し入れは、必ず〝対〟で発生する。例えば、あるサービスを受け取る代わりに現金を支払う、ある物品を与えた代わりに現金を受け取る、という具合だ」

未織ちゃん 「そうか、物品やサービス、そして現金の受取りと付与は、常に対なのか！」

お祖父ちゃん 「企業会計の目的である儲けの大きさを正しく表現するには、この対で発生する物品やサービスおよび現金の受取りと付与を漏れなく、正しい金額で記録しなければならない」

未織ちゃん 「そのためには複式簿記の使用が必要だということなの？」

お祖父ちゃん 「そういうことだ。なぜなら、複式簿記には記録の漏れや金額の誤りを発見する機能がたくさん備わっているからね」

## ① 仕訳

未織ちゃん 「どうすれば〝対〟で発生する物品やサービスおよび現金の受取りと付与を漏れなく、正しい金額で記録することができるの？」

お祖父ちゃん 「物品やサービス、そして現金の出し入れの都度、何を受け取り、何を与えたのかを識別するのだ。この作業を〝**仕訳**〟と言う」

未織ちゃん 「その仕訳はどうするの？」

お祖父ちゃん 「では、身近な例を使って、仕訳の方法を見ていこうか」

と言って、以下の仮定をホワイトボードに書きました。

（仮定）

仕入先から原材料を購入し、現金 10,000 円を支払った

お祖父ちゃん 「この仮定を物品と現金の受取りと付与という点から見ると、10,000 円の原材料を受け取り、現金 10,000 円を支払った、つまり付与したことになる」

未織ちゃん 「はい！」

お祖父ちゃん 「しかし、受け取ったものと付与したものを文章にすると、〝10,000円の原材料を受け取り、現金10,000円を支払った〟と長くなる」

未織ちゃん 「ほんと、長いね…。 物品やサービス、そして現金の出し入れが何度もあると、すべての文章を読むのは大変だね？」

お祖父ちゃん 「そこで簡潔に表現するために、受け取った物品やサービスと付与した物品やサービスを記号化する方法が考案されたのだ」

未織ちゃん 「記号化って、何？」

お祖父ちゃん **「受け取ったものは左側に、付与したものは右側に配置し、対比して並列的に表記する方法だよ」**

 未織ちゃん 「この方法は、いつ頃からあるの？」

お祖父ちゃん 「この記号化の方法は、すでに13世紀ころには発明されていたという説がある。現在使用されている記号化の方法もその延長線上にあるのだよ」

未織ちゃん 「ヒェ〜、そんなに昔からあるの！」

お祖父ちゃん 「その記号化の方法によると、10,000円の原材料の受取りは左側、現金10,000円の支払いは右側に対比して配置するから、以下のようになる」

と言って、以下の仕訳を書きました。

10,000 円の原材料の受取り v/s

10,000 円の現金の付与（支払い）

 お祖父ちゃん　「左側は受取り、右側は付与という取り決め
をしておけば、受取り、付与という用語は
必要なくなる」

と言って、以下に書き改めました。

10,000 円の原材料　v/s　10,000 円の現金

お祖父ちゃん　「また、左側の受取りと右側の付与を隔て
る符号である v/s を「 // 」に置き換えると、
以下のようになる」

と言って、さらに以下に書き改めます

10,000 円の原材料　//　10,000 円の現金

お祖父ちゃん　「受け取ったものと付与したものは貨幣的価
値（金額）で表示するので、単位が円であ
ることは明らかだ。そこで〝円〟を省略し、
物品の名称を金額よりも先に持ってくると、

以下のように記号化することができる」

と言って、以下を書きました。

原材料　10,000　//　現 金　10,000

お祖父ちゃん　「これが、現在一般的に使われている〝仕訳〟の形だよ」

未織ちゃん　「そうなんだ！」

お祖父ちゃん　「この仕訳から〝原材料 10,000 円分を受け取り、現金 10,000 円を支払った〟ことがわかる」

未織ちゃん　「受け取ったものを左側に、付与したものを右側に〝対〟にして並列的に表記することで、物品やサービス、そして現金の受取りと付与を漏れなく、正しい金額で記録することができるのだね！」

お祖父ちゃん　「そのとおり！」


## ② 勘定記録

未織ちゃん　「ところでお祖父ちゃん、複式簿記では、この仕訳をどのように記録するの？」

お祖父ちゃん　「仕訳された物品やサービス、そして現金は、該当する**勘定**に記録するのだよ」

未織ちゃん　「勘定って何？」

お祖父ちゃん　「勘定というのは、物品やサービス、そして現金の受取りと付与を記録する場所のことだよ」

未織ちゃん　「じゃあ、勘定は物品やサービス、そして現金の数だけあるということ？」

お祖父ちゃん　「そのとおり」

未織ちゃん　「そんなに沢山あったら、記録する場所を間違えてしまわない？」

お祖父ちゃん　「どの物品やサービス、そして現金の勘定であるかを区別するために、各勘定には名称をつけている」

未織ちゃん　「どんな名称をつけるの、何かの決まりはあるの？」

お祖父ちゃん　「決まりはないが、一般的には物品やサービス、そして現金の性質を表す名称が使われている。現金なら**現金勘定**、原材料なら**原材料勘定**という具合だ」

未織ちゃん　「へぇ～、そうなんだ。勘定の様式は決まっているの？」

お祖父ちゃん　「決まりはないが、一般的にはこのような様式の勘定を使う」

と言って、下の図を描きました。

お祖父ちゃん　「この形がアルファベットの T に似ている ことから、**T 型勘定**と呼ばれている」

未織ちゃん　「へぇ〜、そうなんだ。ところで、これはど う使うの？」

お祖父ちゃん　「T 型勘定では、縦の線で仕切られた左側 には物品やサービスおよび現金の受取りを、 右側には物品やサービスおよび現金の付与 を記録する」

未織ちゃん　「具体的にはどう記録するの？」

お祖父ちゃん　「先ほどの、10,000 円の原材料の購入と現 金の支払いを、それぞれの T 型勘定に記 入すると、原材料の受取りは原材料勘定の 左側に、現金の支払いは現金勘定の右側に 記入するので、以下のようになる」

と言って、以下をホワイトボードに書きました。

|   | 原材料勘定 | |
|---|---|---|
| 現金 | 10,000 | |

|   | 現金勘定 | |
|---|---|---|
|   | 原材料 | 10,000 |

お祖父ちゃん　「他の物品やサービスの受取りや付与の場合も、同じように記入する」

未織ちゃん　「そうなんだ！」

お祖父ちゃん　「物品やサービス、そして現金の受取りと付与は次々と繰り返されるけれど、その都度、該当する勘定に記録する。そして、この繰り返された記録を集計するのだよ」

未織ちゃん　「なるほど〜、納得で〜す！」

### ③T型勘定のメリット

未織ちゃん　「でも、どうしてT型勘定を使うようになったのかしら？」

お祖父ちゃん　「ちゃんとした理由があるよ」

未織ちゃん　　「教えて、お祖父ちゃん？」

お祖父ちゃん「今、現金の受取りと支払いが、時系列的に以下のようであったとしよう」

と言って、以下をホワイトボードに書きました。

受取り 10、支払い 9、受取り 10、
　　　　　　　支払い 8、受取り 10、支払い 11

お祖父ちゃん「現金の残高を求めるために、受取りと支払いを加減算するときの算式は、以下のようになる」

と言って、①の算式を書きました。

① 10-9+10-8+10-11

お祖父ちゃん「これを計算するとき、未織ちゃんはどうするかな？」

未織ちゃん　　「受取りと支払いに分けて、以下の②の算式に並び替える」

と言って、以下の式を書きました。

$$② \; 10+10+10-9-8-11$$

> 未織ちゃん　「更にプラスの数字とマイナスの数字を集めて③の算式にする」

と言って、以下に書き改めました。

$$③ \; (10+10+10) - (9+8+11)$$

> 未織ちゃん　「そして最後は、増加のプラスの数字と減少のマイナスの数字を一旦合計し、その合計の差額として残高2を求める」

と言って、以下の④の計算をしました。

$$④ \; (30) - (28) = 2$$

> お祖父ちゃん　「そうだね。もし、物品やサービスもしくは現金の受取りと付与を記録する段階から、上記の③の算式に合わせた記録をしておけば、合計計算および残高計算の時間を大幅に節約することができ、計算誤りや集計の漏れを防ぐことができるね」
>
> 未織ちゃん　「なるほどね！」

お祖父ちゃん　「これに応えるために発明されたのがＴ型勘定なのだ」

未織ちゃん　　「え〜っ、どういうこと？」

お祖父ちゃん　「さっきの現金の受取りと支払いを現金のＴ型勘定に記録すると、このようになる」

と言って、以下の図を書きました。

<table>
<tr><th colspan="4">現金勘定</th></tr>
<tr><td>受取り</td><td>10</td><td>支払い</td><td>9</td></tr>
<tr><td>受取り</td><td>10</td><td>支払い</td><td>8</td></tr>
<tr><td>受取り</td><td>10</td><td>支払い</td><td>11</td></tr>
</table>

未織ちゃん　　「ふん、ふん、！」

お祖父ちゃん　「さらに、左側の受取りと右側の支払いをそれぞれ合計し、その差額としての残高を計算すると、このようになる」

と言って、以下の図に書き改めました。

現　金　勘　定

| 受取り | 10 | 支払い | 9 |
|---|---|---|---|
| 受取り | 10 | 支払い | 8 |
| 受取り | 10 | 支払い | 11 |
| 合計 | 30 | 合計 | 28 |
| 残高 | 2 | | |

未織ちゃん　　「ややっ、さっきの④と同じになった〜！」

お祖父ちゃん　「そのとおりだ。先ほどの財務会計システム
　　　　　　　もこの計算をして、物品やサービスそして
　　　　　　　現金の1年間の受取りや付与の金額を集計
　　　　　　　しているのだよ」

未織ちゃん　　「納得で〜す！」

# 疑問6
# 会計情報の公開？

**会**社は1年ごとに**利潤**（会計では**利益**と呼ぶ）を計算し、それを株主に分配し、あるいは機械装置や原材料などの生産用具である資本財を増やすために使います。

また、会社間の取引では**信用取引**が一般的で、物品やサービスの授受の時期と現金の収支の時期は一致しません。一般的には、物品やサービスの授受が先で、後に現金の収支がついてきます。

そのため会社の会計は、一定期間（**原則1年間**）で稼いだ利益の額を表示するとともに、将来において受け取り、あるいは支払うであろう現金の大きさを予測するための情報を利害関係者に報告するものでなければなりません。この報告は**財務諸表**と呼ばれる書類によって行います。

| | |
|---|---|
| お祖父ちゃん | 「会社は、財務会計システムで集計した記録を基にして、1年に一度は**決算**をし、財務諸表を作成し、公表する」 |
| 未織ちゃん | 「財務諸表ってどういうものなの???」 |
| お祖父ちゃん | 「企業会計が生み出す利益や資金の状況を公表する書類のことだよ。財務諸表は複数の書類で構成される」 |
| 未織ちゃん | 「複数の書類って、どんなものがあるの？」 |

お祖父ちゃん 「すべての会社が作成しなければならないのは**貸借対照表**と**損益計算書**だ。この他に、大会社や上場会社は**キャッシュ・フロー計算書**や**株主資本等変動計算書**、その他各種の**明細書**などを作成し、公表している」

## 1. 貸借対照表

未織ちゃん 「じゃあ、すべての会社が作成する貸借対照表は、どんな情報を提供するの？」

お祖父ちゃん 「貸借対照表は、会社が将来において利用可能な資源である**資産**と、将来において弁済しなければならない債務である**負債**、その差額の**純資産**で構成されている」

未織ちゃん 「ふ〜ん」

### (1) 様式

未織ちゃん 「その貸借対照表は、どのような様式なの？」

お祖父ちゃん 「物品を販売する会社の貸借対照表の様式は、

　　　　　　このようになる」

と言って、以下の貸借対照表をホワイトボードに書きました。

## 物品を販売する会社の貸借対照表

（2022年3月31日現在）　　　　　（単位：千円）

| 科目 | 金額 | 科目 | 金額 |
|---|---|---|---|
| （資産の部） | | （負債の部） | |
| 流動資産 | | 流動負債 | |
| 　現金・預金 | 1,079,000 | 　買　掛　金 | 300,000 |
| 　売　掛　金 | 594,000 | 　短期借入金 | 150,000 |
| 　商　　　品 | 250,000 | 　未払法人税等 | 53,000 |
| 　原　材　料 | 120,000 | 　そ　の　他 | 40,000 |
| 　そ　の　他 | 30,000 | | |
| 　　流動資産計 | 2,073,000 | 　　流動負債計 | 543,000 |
| 固定資産 | | 固定負債 | |
| 　土　　　地 | 255,000 | 　長期借入金 | 200,000 |
| 　建　　　物 | 400,000 | 　社　　　債 | 400,000 |
| 　機械装置 | 300,000 | 　　固定負債計 | 600,000 |
| 　そ　の　他 | 100,000 | 　負債合計 | 1,143,000 |
| | | （純資産の部） | |
| | | 　資本金 | 1,000,000 |
| | | 　繰越利益剰余金 | 985,000 |
| 　固定資産計 | 1,055,000 | 　純資産合計 | 1,985,000 |
| 資産合計 | 3,128,000 | 負債・純資産合計 | 3,128,000 |

お祖父ちゃん　「この貸借対照表の数字は、財務会計システムで集計された資産、負債、純資産に属する物品やサービスそして現金の受取りと付与の差額、すなわち残高の数字だよ」

未織ちゃん　「そうなんだ？」

未織ちゃん　「貸借対照表の**資産**は会社が将来において利用可能な資源ということだけれど、これはどうやって手に入れるの？」

お祖父ちゃん　「現金・預金と売掛金以外の資産は、**図表8**で示された資金の流出の③と⑥にあるように、会社がお金を出して購入したものだよ。だけれども、1回使用したら無くなるというのものではなく、長い期間にわたって使用できるものだよ」

未織ちゃん　「そうなんだ。じゃ現金・預金と売掛金は？」

お祖父ちゃん　「**現金・預金は図表8**の資金の流入の①、②、⑦で手に入れたもので、将来、**資本財**を購入するために貯えられているものだよ。**売掛金**は、財やサービスの販売代金で未回収のものだ。将来回収された時に現金・預金になるのだよ」

未織ちゃん　「なるほど。じゃ、**負債**は将来において弁済しなければならない**債務**ということだけれど、どうして弁済しなければならないの？」

お祖父ちゃん　「これは、**図表8**で示された資金の流入の②にあるように、会社が銀行等からお金を借りたので、それを返済しなければならない、ということだよ」

未織ちゃん　「そうか。最後の**純資産**は、資産と負債の差額なの？」

お祖父ちゃん　「そうだよ。でもよく見ると、純資産は**資本金と繰越利益剰余金**で構成されている」

未織ちゃん　「ほんとだ！」

お祖父ちゃん　「このうち資本金は、**図表8**で示された資金の流入の①にある株主が出資した金額の大きさを表しているのだよ」

未織ちゃん　「じゃあ、繰越利益剰余金は何？」

お祖父ちゃん　「これは、損益計算書で計算された**当期利益**の過去からの累積額だよ」

未織ちゃん　「**図表8**の資金の流入・流出とは関係ないの？」

お祖父ちゃん　「あるよ。損益計算書のところで詳しく説明するけれど、損益計算書の当期利益は**図表8**の資金の流入⑦販売代金の受取りと資金の流出④給料の支払いと⑤財やサービスの購入代金の支払いの差額なのだよ」

未織ちゃん　「じゃあ、繰越利益剰余金を含む貸借対照表は、**図表8**のすべての資金の流入と流出の結果を表示しているんだね？」

お祖父ちゃん　「そう、そのとおりだ」

## （2）情報

お祖父ちゃん　「この貸借対照表から、将来の資金の流入と流出の金額を予測することができるのだ」

未織ちゃん　「左側の資産は、将来において利用可能な資

源で、右側の負債は将来において弁済しなければならない債務だよね。これから、どのようにして資金の流入と流出を予測できるのかなぁ？」

お祖父ちゃん「それでは、順を追って説明しよう。まず、資産のうちの売掛金は、販売代金の**未回収金額**を表している。したがってこれは、将来回収された時点で会社に資金の流入をもたらす」

未織ちゃん　「これはわかりやすいね！」

お祖父ちゃん「**原材料**は加工すれば**商品**になるし、**商品を販売**すれば、その代金を受け取ることができる。これも資金の流入だ」

未織ちゃん　「**固定資産**はどうなるの？」

お祖父ちゃん「固定資産は、それを使用して**商品を生産**することができる」

未織ちゃん　「生産した商品を販売すると資金が流入するけれど、それと固定資産の金額の関係が、いまいちはっきりしないなぁ？」

お祖父ちゃん「固定資産の金額は、将来生産する商品の販売で得られる収入金額を下回ってはならないのだよ」

未織ちゃん　「もし、下回った場合は、どうするの？」

お祖父ちゃん「固定資産の金額を将来の販売収入見込額まで引き下げなければならない」

未織ちゃん　「つまり…、少なくとも**固定資産の金額以上の販売収入が得られる**ということなの？」

お祖父ちゃん 「そういうことだ。まとめると、将来において貸借対照表の資産の金額以上の資金が、将来会社に流入すると予測できるということだ！」

未織ちゃん 「なるほど、納得」

未織ちゃん 「じゃあ、負債と資金の流出の関係は、どうなるの？」

お祖父ちゃん 「貸借対照表の右側の負債は、将来において現金もしくは物品やサービスの提供で弁済しなければならない債務を表している」

未織ちゃん 「現金で弁済するというのはわかるけれど、物品やサービスの提供で弁済するって、どういうこと？」

お祖父ちゃん 「すでに代金を受け取っているので、その分の物品やサービスを将来無償で提供するということだよ」

未織ちゃん 「じゃあ、もし物品やサービスを提供できなくなった場合は、どうするの？」

お祖父ちゃん 「その場合は、すでに受け取っている現金を返済することになる」

未織ちゃん 「つまり、将来、負債と同じ額の現金が流出すると予測することができるということだね？」

お祖父ちゃん 「そのとおり」

未織ちゃん 「貸借対照表を見れば会社の将来の資金の流入と流出の金額が予測できるという点は、納得！」

## 2. 損益計算書

未織ちゃん　「損益計算書はどんな情報を表示するの？」

お祖父ちゃん　「**損益計算書**は、日常の営業活動で顧客に販売した物品やサービスの金額である**売上高**とそれ以外の収益、それらの収益を獲得するために他社から購入して消費した物品やサービスの購入金額である**売上原価**と**販売及び一般管理費**、それ以外の費用で構成されている。そして、すべての**収益と費用の差額**である**当期利益**を表示する」

## （1）様式

未織ちゃん　「損益計算書って、どんな様式なの？」

お祖父ちゃん　「物品を販売する会社の一般的な損益計算書の様式は、このようになる」

と言って、以下の損益計算書を書きました。

## 物品を販売する会社の損益計算書

（2021年4月1日から2022年3月31日まで）（単位：千円）

| | |
|---|---:|
| 売上高 | 5,000,000 |
| 売上原価 | 3,550,000 |
| 売上総利益 | 1,450,000 |
| （販売費及び一般管理費） | |
| 支払給料 | 200,000 |
| 減価償却費 | 90,000 |
| 旅費交通費 | 60,000 |
| 接待交際費 | 30,000 |
| 広告宣伝費 | 30,000 |
| その他 | 22,000 |
| 販売管理費合計 | 432,000 |
| 営業利益 | 1,018,000 |
| （営業外収益） | |
| 受取利息 | 7,000 |
| （営業外費用） | |
| 支払利息 | 25,000 |
| 税引前当期利益 | 1,000,000 |
| 法人税等 | 400,000 |
| 当期利益 | 600,000 |

お祖父ちゃん　「この損益計算書の数字は、財務会計システムで集計された財やサービスの受取り、もしくは付与の合計金額だよ」

未織ちゃん　「合計金額？ 受取りと付与の差額である残高じゃないの？」

お祖父ちゃん　「貸借対照表は物品やサービスあるいは現金勘

定の残高だけれど、損益計算書の収益や費用の勘定は合計金額だよ」

未織ちゃん　「そうなんだ。ところで、損益計算書の売上原価って何？」

お祖父ちゃん　「売上原価は、顧客に販売した商品を他社から仕入れた際に支払った金額、もしくは自ら製造したときにかかった原材料費や人件費などのコストだよ」

未織ちゃん　「販売費及び一般管理費は？」

お祖父ちゃん　「販売費及び一般管理費は、物品やサービスの販売業務、および総務や経理などの管理業務にかかったコストだよ」

未織ちゃん　「このなかの**減価償却費**というのは、何？」

お祖父ちゃん　「建物等を購入したときに支払った金額を、予測した**使用可能期間に配分**したものだよ」

お祖父ちゃん　「このうち、売上高と営業外収益が収益で、売上原価と販売費及び一般管理費、営業外費用、法人税等が費用だよ」

未織ちゃん　「そして、すべての収益と費用の差額が当期利益になるのね？」

お祖父ちゃん　「そのとおり」

## （2）情報

未織ちゃん 「損益計算書の売上高は顧客に販売した物品やサービスの金額ということだけれど、これが大きいと、どうなるの？」

お祖父ちゃん 「売上高は顧客に販売した物品やサービスの金額だから、会社は、この金額に相当する額の現金を顧客から受け取ることができる。**図表8**の資金の流入の⑦に該当するものだよ」

未織ちゃん 「そうなんだ。じゃあ、売上原価や販売費及び一般管理費は、**図表8**でいうと、どれに該当するの？」

お祖父ちゃん 「**図表8**の資金の流出の④と⑤に相当するものだよ」

未織ちゃん 「すると、当期利益は収益と費用の差額だから、**図表8**の資金の流れで言えば、⑦の資金の流入と、④および⑤の資金の流出の差額ということだね？」

お祖父ちゃん 「そのとおり。そして、さっきも言ったように当期利益の過去からの累積額は、貸借対照表の繰越利益余剰金として表示されるのだよ」

# 第 3 部

## 政治・経済を学ぶ高校生

### 企業の資金調達と会計

# 企業の資金調達と会計を学ぶ

**企**業は、社会の中で**生産活動**を営みます。生産活動を営むには土地、労働力、資本財（機械装置、原材料などの生産用具）の生産の3要素が必要です。企業は、これらを結びつけて財やサービスを生産し、家庭や政府に提供します。

　生産の3要素を揃えるには**資金**が必要です。以下では、会社が必要とする資金の種類とその調達方法、会計との関係について見ていきます。

## 1. 設備資金と運転資金

**会**社は、生産活動に必要な土地や機械装置などの生産設備、販売施設を調達、すなわち購入します。それには資金が必要です。この資金を**設備資金**と言います。

　生産設備や販売施設を購入するには、多額の資金を必要とします。そして、購入した生産設備や販売施設を使用して生産した物品やサービスを長期間にわたって販売して代金を得て、設備や施設の購入資金を回収します。

　言い換えれば、設備や施設に投資した資金を販売代金で回収するに

は、短いもので数年、長いものになると 20 年とか 30 年の期間を要します。

　また、会社は毎日の生産活動のために原材料を仕入れ、労働力を提供する従業員に給料を支払い、他社が生産した物品やサービスを購入して消費します。それには資金が必要です。この資金を**運転資金**と言います。

　原材料の仕入れや労働者の給料などに投下した資金は、生産した物品やサービスを販売し、代金を顧客から受け取って、回収します。このように運転資金は、投下後 1 〜 2 か月で回収することができます。

## 2. 資金の調達

　自分が保有する資金が設備資金や運転資金として不足する場合は、第三者から調達しなければなりません。第三者から資金を調達する方法には、いくつかの方法があります。

### （1）直接金融と間接金融

　まず、個人投資家に**株式や社債を発行**して調達する方法があります。この方法は、個人投資家から資金を直接調達するので〝**直接金融**〟と呼ばれています。

　また、銀行等の**金融機関から借入れ**をして調達する方法もあります。この方法は、個人が銀行等に預けたお金を金融機関経由で借りるので〝**間接金融**〟と呼ばれています。

　直接金融と間接金融の関係を一覧にすると、以下の図のようになり

ます。

## 直接金融と間接金融

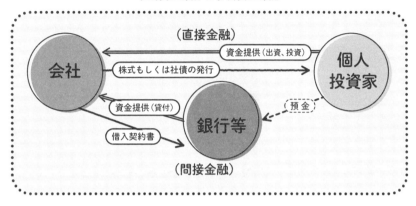

同じ直接金融の中でも、**株式を発行**して調達した資金と**社債を発行**して調達した資金では違いがあります。前者は返済の義務はありませんが、後者は期日に返済しなければなりません。

株式を発行した場合は、会社が利益を獲得したときに株主へ**配当**を支払います。社債を発行した場合は、契約に基づく**利率**で社債保有者へ**利息**を支払います。

## （2）自己資本と他人資本

株式を発行して調達した資金は返済の義務がないので、自分の資金のように考えることができます。それでこの資金を**自己資本**といいます。これに対し社債で調達した資金は期日には返済しなければなりません。あくまでも借りている資金なので、**他人資本**と呼びます。

銀行等から借りたお金も期日には返済しなければなりません。したがって銀行等からの借入金も他人資本になります。なお借入金には、

期限が１年未満の**短期借入金**と期限が数年に及ぶ**長期借入金**があります。

　直接金融と間接金融、自己資本と他人資本の関係を一覧にすると、以下の表のようになります。

　この表の真ん中が資金の調達方法です。左側は直接金融か間接金融かを、右側は自己資本か他人資本かを示しています。

## 直接・間接金融と自己・他人資本の関係

| （直接・間接） | （調達方法） | （自己・他人） |
|---|---|---|
| 直接金融 | 株式の発行 | 自己資本 |
| | 社債の発行 | 他人資本 |
| 間接金融 | 銀行等からの借入れ | |

## 3. 資金調達の発展段階

**会**社は、事業に必要な資金を株主の出資や銀行等からの借入れで調達しますが、それらには発展段階があります。

## （1）株主の出資

　資金調達の１つとして株主に出資を依頼し、資金を拠出してもらう代わりに株式を発行する方法があります。これの発展段階を図にすると以下のようになります。

起業する人が自分の貯蓄を会社の資金として拠出する

▼

親や親戚、友人等に出資を依頼し、資金を拠出してもらう

▼

エンジェルと呼ばれる個人投資家やベンチャー・キャピタルと呼ばれる機関投資家等の特定の出資者に依頼して、資金を拠出してもらう

▼

株式を証券取引所に上場して不特定多数の人に声を掛け、資金を拠出してもらう

　株主の出資は上から順番に発展していきます。言い換えれば、上から順番に株主数が増えていきます。

　会社設立時は、自分の貯蓄を取り崩して会社に出資します。**起業**しようと考えている人は、最初の数か月間の運転資金をまかなえるくらいの**貯蓄**を用意しておくのが望まれます。

　その期間を乗り越えれば、事業が有望であることを知った**親や親せき、友人**なども資金の拠出に応じてくれるようになります。

　さらに、生産する財やサービスが社会生活を豊かにするものであることが明らかになると、数千万円から数億円規模の出資に応えてくれる**エンジェル**や**ベンチャー・キャピタル**が現れます。

　そして最後が**証券取引所への上場**です。初めて証券取引所に上場することを**新規株式公開**あるいは**IPO**と言います。

　新規株式公開をしようとする会社は、上場会社にふさわしい経営体制を整備し、定期的に経営の状況を不特定多数の株主等に報告する体制を整備しなければなりません。それには、当然、コストがかかります。

　新規株式公開は、資金調達が容易になる、会社の知名度が高くなる

などのメリットがありますが、コストとメリットを勘案して新規株式公開をするか否かを決定する必要があります。

　なお株式公開は、株主にとってもメリットがあります。株主は、出資と引き換えに株式を受け取りますが、会社が株式公開することによって、証券市場で株式を売却して拠出した資金を回収するチャンスが大きくなるからです。

## （2）借入れ

　銀行などの金融機関は、融資したお金が期日には確実に回収できること、契約時に定めた利率で利息を受け取れること、を前提に会社に**融資**をします。融資とは、銀行等が会社に資金を貸すことです。

　設立直後の会社は、生産する財やサービスが形になっておらず、その将来性や採算性なども明らかではありません。このような会社に融資をしても、期日に資金が回収できるか、利息は受け取れるかが不明です。結論から言えば、設立直後の会社に融資してくれる銀行等は限られます。

　どうしても株主の出資以外の資金が必要な場合は、**親や親戚、友人などから借りる**ことになります。起業を考えている人は、日頃から、親や親戚、友人を大切にしておく必要があります。

　起業した会社の有望性がエンジェルやベンチャー・キャピタルの目に留まって、彼らが出資に応じる頃になると、銀行も起業した会社の**将来性**や**採算性**を高く評価し、融資に応じるようになります。

　もちろん、**与信審査力**が高い銀行や新しい技術やサービス等に理解がある銀行は、早い段階から融資に応じることがあります。銀行に知り合いがいるならば、日頃から、自分の会社の物品やサービスの有望性を話しておくことを忘れてはいけません。

## 4. 資金の選択

**株**式の発行、社債の発行、銀行等からの借入れで調達した資金について、返済義務と資金の使用料の違いを一覧にすると、以下の表のようになります。

### 調達した資金の性質

|  | （返済義務） | （使用料） |
|---|---|---|
| ① 株式の発行で得た資金 | 返済義務はない | 利益があったときに配当を支払う |
| ② 社債の発行で得た資金 | 期日に返済義務がある | 利益の有無にかかわらず、契約にもとづいた利息を支払う |
| ③ 銀行等からの借入れで得た資金 | 期日に返済義務がある | 利益の有無にかかわらず、契約にもとづいた利息を支払う |

これを参考に、資金の調達方法を選択する際に留意すべき点は、以下のとおりです。

## （1）社債発行と借入れ

社債の発行で調達した資金と銀行等からの借入れで調達した資金は、ほぼ同じ内容です。

両者とも、期日に返済できなかったり、利息の支払いが滞ったりすると、会社は倒産の危機に遭遇します。その意味では、同じ性質の資

金と言えますが、両者には利息の利率に違いがあります。

　まず、借入れの利率です。銀行等は預金者に利息を支払います。さらに行内の事務経費を賄うために、その分を反映した利率で会社に貸付をします。銀行等が融資する際の利率は、以下により構成されることになります。なお、利率は仮定のものです。

## 銀行等の融資の利率

| | |
|---|---|
| 銀行内の事務経費 | 2% |
| 預金者へ支払う利息 | 2% |
| 合　計 | 4 % |

　これに対し社債の発行では、投資者に直接販売して資金を調達するので、銀行内の事務経費の負担を回避することができます。

　そのため社債の利率は借入れの利率よりも低くなるのが一般的です。

　ただし、社債の発行、すなわち投資者に社債を販売するにあたっては、証券会社や投資銀行などの販売代理人を立てるのが一般的で、当然、代理人手数料の支払いが必要になります。

　これらを考慮すると、調達期間が長くなるほど、そして金額が多額になるほど、たとえ代理人手数料を支払ったとしても、社債の発行による調達の方が借入れよりもコストが安くなる傾向にあります。


## (2) 株式発行と借入れ

　株式の発行によって調達した資金は返済の必要がありませんが、銀

行借入れで調達した資金は、期日に返済しなければなりません。一見すると返済義務がない株式の発行による調達が安定していて有利なようですが、必ずしもそうではありません。その理由は、〝**資金のコスト**〟にあります。

　資金のコストとは、資金提供者に対して会社が支払う配当や利息の金額のことです。株式の発行で資金を調達した場合は株主に配当を支払います。借入れで資金を調達した場合は銀行に利息を支払います。

　その際の支払配当１円当たりの会社の負担額は、税制の関係上、支払利息１円当たりの**約1.4倍**になります。すなわち、支払利息と同額の配当を支払おうとすると、会社は1.4倍の利益を上げなければなりません。

　したがって、もし投資を計画しているプロジェクトの利益率が銀行等からの借入れに対する利率を上回ると予測される場合は、必要な資金を借入れで調達するのも１つの選択肢になります。

## 5. 株式・社債の発行と金融市場

**会**社は、資金を調達するために株式や社債の発行を検討しますが、それには**タイミング**があります。

### （1）株式発行と株式市場

　会社が株式を発行する際は、**１株何円という価格**で発行します。会社は、この価格に**発行株式数**を乗じた金額を調達することができます。

## 1株当たり発行価格×発行株式数＝調達金額

　言い換えれば、発行する株式数が同じでも、1株当たり価格が高い
ほど、会社が手にする資金の額は多くなります。したがって、会社は、
できるだけ高い価格で株式を発行しようとします。

　しかし、石油資源を豊富に有する国で戦争が起きて、石油取引の制
限が予想されるような場合は石油価格の上昇が見込まれます。すると、
多くの企業の生産コストが上昇し、業績は下降することが懸念されま
す。株式市場も冷え込んで、株式価格は下落してしまいます。

　このような状況下では、高い価格で発行することはできません。こ
のような場合は、株式市場が回復するまで、株式の発行を延期するの
が一般的です。

　どうしてもすぐに資金を必要とする場合は、低い価格で発行せざる
を得ません。その場合、必要な額の資金を調達するには発行株式数を
増やさなければなりません。その結果、将来の配当の支払負担が増す
ことになります。

## （2）社債発行と金融市場

　社債を発行して資金を調達する場合は、投資家に対して社債の利率
を提示します。しかし、提示した利率が金融市場の利率よりも低い場
合、投資家は社債に魅力を感じません。結論から言うと、金融市場の
利率よりも低い利率の社債を買う投資家はいません。

　それでも社債を発行する会社は、**値引販売**をします。値引販売と
いうのは、例えば、10,000円の社債を9,800円で売り出すことです。
この意味は、会社は社債の発行で9,800円を得ますが、返済時には
10,000円を返すということです。

　この結果、会社は本来の利息の他に、この差額の 200 円を投資家に支払うことになります。したがって、会社にとっての実質的な利率は、投資家へ提示した利率にこの差額分を加えたものになります。

　会社が 9,800 円ではなく 10,000 円を得たいと考える場合は、金融市場が落ち着いて、金融市場の利率が社債の利率に近づくまで、社債の発行を延期するのが一般的です。

## 6. 資金調達と会計

　これまで見てきたように、会社を設立して物品やサービスの生産を考える人は、当初、自分の貯蓄や親・親族・友人から調達した資金をもとに活動を開始します。いわば身内から調達した資金です。

　生産の規模が拡大し多くの資金が必要になると、銀行などの金融機関から借りたり、事業に賛同する人から出資を受けるなどして必要な資金を調達します。これは外部から調達した資金です。

## （1）外部資金の調達ステップ

　外部から資金を調達しようとする会社の経営者は、**事業の企画書を作成**し、資金を必要とする理由、事業内容と採算性などを潜在的な資金提供者へ説明します。

　説明を聞いて事業に賛同する投資者や銀行等は、会社に資金を提供します。会社に資金を提供する投資者や銀行等は、見返りに株式や社債、あるいは現金の**返還請求権**を取得します。

# （2）企業会計の機能

　株式を取得した株主や社債を入手した社債保有者、銀行等は、配当や利息は受け取れるのか、出資金は戻ってくるのか、融資した資金は返済されるのか、株式は出資金額よりも高い金額で転売できるのか、などに関心を持っています。

　資金提供者が関心を持つ利益の獲得状況や資金の返済能力などに関する情報は**企業会計**によって生み出されます。企業会計で生み出された情報は財務諸表で外部に公表されます。

　そしてこの情報は、様々な人の、さまざまな意思決定に利用されます。財務諸表の情報があることによって株主や社債保有者、銀行等は資金の供給を継続するか否かを自分の意思で判断することができます。

　財務に関する情報を外部に公表する企業会計の仕組みが存在することで、株主や社債保有者、銀行等は安心して会社に資金を提供することができるのです。

　この仕組みは、会社にとってもメリットがあります。会社は株主や銀行等から多額の資金を集めて生産活動を営み、社会に役立つ物品やサービスを創造し提供することができるようになるのです。

　すなわち企業会計は、社会の資本と会社の事業を結びつけ、私たちの生活を豊かにする機能があるのです。

# 事例／
# 資金調達と起業の企画書

**サ**ンド・システムズは、会計システムのクラウドサービスを提供する会社で、1年前に設立されました。決算日は12月31日です。現在の従業員は創立者で社長の上田氏、その奥さん、創立者の大学時代の同級生の3人です。

　やっとシステム開発が一段落し、サービス提供の目処がつきました。この機会に一気に事業を拡大するために資金提供者を募ることにしました。

## ① 企画書

　上田氏は、資金提供候補者に説明するために、以下のような事業企画書を作成しました。

## （事業内容）

会計処理のクラウドサービス。

サービスを利用すれば、顧客は自動で財務諸表や税務申告書を作成することができる。

今後採用する予定の従業員は、もっぱら顧客の要望に応じてシステムの改良に従事する。

顧客が増えれば増えるほど売上は伸びる。システムの改良に従事する従業員の人件費（売上原価）の発生は固定的で、売上の伸びに伴って増える金額は限られる。したがって、売上の伸びに伴って、それ以上に利益が増えていく事業構造である。

## （予想貸借対照表 – 単位：千円）

|  | 2022年 | 2023年 |  | 2022年 | 2023年 |
|---|---|---|---|---|---|
| 現金 | 500 | 108,000 | 借入金 |  | 100,000 |
| PC等 | 500 | 10,000 | その他 |  |  |
| 事務所内装 |  | 5,000 | 資本金 | 3,000 | 23,000 |
| その他 |  | 5,000 | 繰越剰余金 | (2,000) | 5,000 |
|  | 1,000 | 128,000 |  | 1,000 | 128,000 |

2023年初めの予定

　借入金：取引銀行より、年4%の利率で1億円、期間5年。
　株式発行：1株1,000円で、2万株

## （予想損益計算書 – 単位：千円）

|  | 2022年 | 2023年 | 2024年 | 2025年 | 2026年 | 2027年 |
|---|---|---|---|---|---|---|
| 売上高 | 0 | 25,000 | 60,000 | 120,000 | 200,000 | 400,000 |
| 売上原価 | 2,000 | 4,000 | 6,000 | 10,000 | 20,000 | 30,000 |
| 売上総利益 | (2,000) | 21,000 | 54,000 | 110,000 | 180,000 | 370,000 |
| 販売・管理費 | 0 | 10,000 | 30,000 | 40,000 | 50,000 | 60,000 |
| 支払利息 | 0 | 4,000 | 4,000 | 4,000 | 4,000 | 4,000 |
| 税引前利益 | (2,000) | 7,000 | 20,000 | 66,000 | 126,000 | 306,000 |
| 法人税等 | 0 | 0 | 7,000 | 25,000 | 40,000 | 100,000 |
| 当期利益 | (2,000) | 7,000 | 13,000 | 41,000 | 86,000 | 206,000 |
| 支払配当 |  | 0 | 2,300 | 4,600 | 4,600 | 4,600 |

## ② 資金提供候補者訪問

　上田氏は、この企画書を持参して、出資候補者を訪問しました。以下はその会話です。

| | |
|---|---|
| 出資候補者 | 「1株1,000円で2万株を発行する予定ですか？」 |
| 上田氏 | 「はい、そのとおりです」 |
| 出資候補者 | 「出資の時期はいつですか？」 |
| 上田氏 | 「2023年初めの予定です」 |
| 出資候補者 | 「配当は期待できるのですか？」 |
| 上田氏 | 「2023年の決算に基づいて、2024年の初めに出資額の10%、2025年度以降は、出資額の20%の配当を予定しています」 |
| 出資候補者 | 「なるほど。ところで、上場の予定はあるのですか？」 |
| 上田氏 | 「10年後の2032年を目途に上場したいと考えております」 |
| 出資候補者 | 「上場すれば、出資の見返りに入手した株式を売却して、出資金を回収することができますね？」 |
| 上田氏 | 「そのとおりです。売上の伸び以上に利益の拡大は続く傾向なので、そのころには、1株の価値は4,000円くらいに上昇していると思います」 |

> **出資候補者**　「なるほど。それは素晴らしい。前向きに出
> 　　　　　　　　資を検討させていただきます」

　出資候補者から良い返事をもらった上田氏は、引き続き、取引銀行に融資の依頼にやってきました。以下は融資担当者との会話です。

> **融資担当者**　「融資をご希望とのことですが、資金は何に
> 　　　　　　　　使用するのですか？」
>
> **上田氏**　　　「主にサービスの広告宣伝と、システムの
> 　　　　　　　　改良に従事する従業員の採用と給料支払い、
> 　　　　　　　　及び事務所の拡張費用です」

と言って、以下の販売・管理費の内訳表を示しました。

### 販売・管理費内訳表

|  | 2022 年 | 2023 年 | 2024 年 | 2025 年 | 2026 年 | 2027 年 |
|---|---|---|---|---|---|---|
| 広告宣伝費 |  | 5,000 | 21,000 | 30,000 | 35,000 | 44,000 |
| 事務所家賃 |  | 3,000 | 4,000 | 4,000 | 5,000 | 5,000 |
| 減価償却費 |  | 1,000 | 2,000 | 2,000 | 4,000 | 4,000 |
| その他 |  | 1,000 | 3,000 | 4,000 | 6,000 | 7,000 |
| 合 計 | 0 | 10,000 | 30,000 | 40,000 | 50,000 | 60,000 |

> **融資担当者**　「販売管理費のほとんどは広告宣伝費で

すか？」

上田氏　　　「はい、我社の事業は、売上の伸びに伴って、それ以上に利益が増える構造なので、顧客の獲得に最大の努力をする予定です」

融資担当者　「なるほど。予想損益計算書を拝見すると、利息を支払っても十分な利益があるようですが、返済は大丈夫でしょうか？　融資期間は5年をご希望でしたよね？」

上田氏　　　「5年後の利益は2億円を超える予想なので、お借りした1億円は十分に返済できます」

融資担当者　「なるほど、わかりました。当行としては、融資後の事業がこの予想損益計算書のとおりに推移していることを確認する必要があります。そこでお願いですが、毎期、財務諸表を提出していただけますか？」

上田氏　　　「もちろんです」

こうして出資と融資に目途をつけた上田氏です。

# 対話編

## 高3・未織ちゃん

## 企業の資金調達と会計を学ぶ

**会**社が生産活動を営むには土地、労働力、資本財（機械装置、原材料などの生産用具）の生産の3要素が必要で、それらを揃えるには資金が必要なことを学校で習った高校3年生の未織ちゃんです。しかし、会社はどのような方法で必要な資金を調達するのかがわかりません。

## 疑問7
# 会社の資金調達？

## 1. 設備資金と運転資金

未織ちゃん 「会社の**生産活動**に必要な土地、労働力、資本財の生産の3要素を揃えるには、**資金**が必要だと学校で習ったけれど、会社はどのようにしてその資金を確保するの？」

お祖父ちゃん 「必要な資金を考える際は、**設備資金**と**運転資金**に分けるのが一般的だよ」

未織ちゃん 「設備資金？ 運転資金？ それな〜に???」

お祖父ちゃん 「生産の3要素のうち、資本財は機械装置などの生産設備、営業所や輸送用車両などの販売施設、原材料などに分けることができる」

未織ちゃん 「そうなんだ！」

お祖父ちゃん 「このうち、土地と生産設備および販売施設を取得、すなわち購入もしくは建設するための資金が設備資金だよ」

未織ちゃん 「じゃあ、運転資金は？」

お祖父ちゃん 「3要素の中の労働力や、資本財の中の原材料などを調達するための資金が運転資金だ

| | よ」 |
|---|---|
| 未織ちゃん | 「どうして設備資金と運転資金に分けるの?」 |
| お祖父ちゃん | 「生産設備や販売施設は一度取得すると、数年から、長いものになると20年とか30年の長い期間にわたって使用できる」 |
| 未織ちゃん | 「うん、わかるよ!」 |
| お祖父ちゃん | 「会社は生産設備や販売施設を使って物品やサービスを生産・販売して、その代金を受け取る」 |
| 未織ちゃん | 「うん、学校で習ったよ!」 |
| お祖父ちゃん | 「つまり、生産設備や販売施設の取得のために使った資金は、長期間にわたって、少しづつ回収することになる」 |
| 未織ちゃん | 「なるほど!」 |
| お祖父ちゃん | 「他方、労働力である従業員の給料支払いや原材料などの購入のために使った資金は、物品やサービスを生産・販売し、販売代金を顧客から受け取れば回収することができる」 |
| 未織ちゃん | 「給料の支払いや原材料などの購入から販売代金を回収するまでの期間は、どれくらいなの?」 |
| お祖父ちゃん | 「大体1〜2か月くらいだよ」 |
| 未織ちゃん | 「たった1〜2か月! 設備資金の回収期間よりも断然短いね」 |

お祖父ちゃん 「そう、設備資金と運転資金では、使ってか
ら回収するまでの期間に大きな違いがある。
そのために、区別して調達方法を考えるの
が一般的になっている」

未織ちゃん 「そうなの。それで、設備資金や運転資金を
調達するには、どうするの？」

お祖父ちゃん 「設備資金にしても運転資金にしても、まず
は自分が持っている資金を充当する。それ
でも不足する場合は、第三者から調達する
ことになる」

## 2. 資金の調達

お祖父ちゃん 「第三者から調達するには、いくつかの方法
がある」

未織ちゃん 「どのような方法があるの？」

## （1）直接金融と間接金融

お祖父ちゃん　「まず、**個人投資家**に**株式や社債を発行して**
　　　　　　　　　調達する方法がある。この方法は、個人投
　　　　　　　　　資家から資金を直接調達するので〝**直接金**
　　　　　　　　　**融**〟と呼ばれている」

未織ちゃん　　「なるほど！ 個人投資家から、直接、資金
　　　　　　　　　を調達するから直接金融というのね」

お祖父ちゃん　「また、**銀行等の金融機関から借入れ**をして
　　　　　　　　　調達する方法もある。この方法は、個人が
　　　　　　　　　銀行等に預けたお金を金融機関経由で借り
　　　　　　　　　るので〝**間接金融**〟と呼ばれている」

未織ちゃん　　「個人のお金を銀行経由で借りるので間接金
　　　　　　　　　融というのね！」

お祖父ちゃん　「直接金融と間接金融の関係を図にすると、
　　　　　　　　　こうなる」

と言って、以下の図をホワイトボードに書きました。

## 直接金融と間接金融

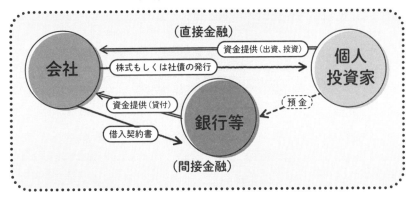

 未織ちゃん「へぇ〜、この図はわかりやすいね！」

## （2）自己資本と他人資本

お祖父ちゃん　「直接金融の中でも、会社が株式を発行して調達した資金は返済の義務がない。しかし、社債を発行して調達した資金は期日には返済しなければならない」

未織ちゃん　「同じ直接金融でも、違いがあるのだね？」

お祖父ちゃん　「そう、株式を発行して調達した資金は返済の義務がないので、自分の資金のように考えることができる。それでこの資金を**自己資本**と呼んでいる」

| 未織ちゃん | 「返さなくても良いから、自己資本か！」 |
| お祖父ちゃん | 「他方、社債で調達した資金は期日には返済しなければならない。あくまでも借りている資金なので、**他人資本**と呼んでいる」 |
| 未織ちゃん | 「銀行から借りたお金も期日には返済しなければならないよね？」 |
| お祖父ちゃん | 「そう、期日までに返済しなければならない。したがって銀行等から借り入れた資金も他人資本になる」 |
| 未織ちゃん | 「直接金融と間接金融、自己資本と他人資本の関係を一覧にすると、どうなるのかな…？」 |
| お祖父ちゃん | 「一覧にすると、こうなる」 |

と言って、以下の表を書きました。

### 直接・間接金融と自己・他人資本の関係

| （調達方法） | （直接・間接） | | （自己・他人） | |
| --- | --- | --- | --- | --- |
| | 直接 | 間接 | 自己 | 他人 |
| 株式の発行 | ✓ | | ✓ | |
| 社債の発行 | ✓ | | | ✓ |
| 銀行等からの借入れ | | ✓ | | ✓ |

未織ちゃん　「この表から、直接金融の株式の発行で調達した資金は自己資本で、同じ直接金融でも社債の発行で調達した資金は他人資本になることがわかるね。間接金融の銀行等からの借入れで調達した資金も他人資本ということだね」

お祖父ちゃん　「そのとおり」

未織ちゃん　「この表もわかりやすいね！」

## 3. 資金の選択

未織ちゃん　「株式や社債の発行、借入れで調達した資金は、どのような違いがあるの？」

お祖父ちゃん　「さっきも言ったように、株式の発行で調達した資金は返済の義務がなく、会社はこの資金を自由に永久に生産活動に使い続けることができる。代わりに、利益が出たときには、経営者の判断にもとづいて株主に**配当**を支払う」

未織ちゃん　「社債の発行で調達した資金はどうなの？」

お祖父ちゃん　「この資金も、会社は自由に使うことができるが、社債発行時に約束した期日には社債

を**償還**しなければならない。また、利益の有無にかかわらず、契約に基づいた利率で**利息**を支払わなければならない」

未織ちゃん　「償還って、何???」

お祖父ちゃん　「発行した社債を買い戻し、社債発行時に調達した資金を返済することだよ」

未織ちゃん　「じゃあ、銀行等からの借入れで調達した資金はどうなの？」

お祖父ちゃん　「その資金も、会社は自由に使うことができるが、借入れ時に約束した期日には返済しなければならない。また、利益の有無にかかわらず、契約に基づいた利率で利息を支払わなければならない」

未織ちゃん　「同じ資金でも、ずいぶんと違いがあるのだね」

お祖父ちゃん　「これらの違いを一覧にすると、こうなる」

と言って、以下の表を書きました。

## 調達した資金の性質

|  | （返済義務） | （使用料） |
|---|---|---|
| ① 株式の発行で得た資金 | 返済義務はない | 利益があったときに配当を支払う |
| ② 社債の発行で得た資金 | 期日に償還（返済）義務がある | 利益の有無にかかわらず、契約にもとづいた利息を支払う |
| ③ 銀行等からの借入れで得た資金 | 期日に返済義務がある | 利益の有無にかかわらず、契約にもとづいた利息を支払う |

## （1）社債の発行と借入れ

未織ちゃん 「社債の発行で調達した資金と銀行等からの借入れで調達した資金はほぼ同じ内容だけれど、どのような違いがあるの？」

お祖父ちゃん 「両者とも、期日に返済できなかったり、利息の支払いが滞ったりすると、会社は**倒産の危機**に遭遇する。その意味では、同じ性質の資金と言える。しかし、利息の利率に大きな違いがある」

未織ちゃん 「社債に対して支払う利息と、銀行等からの借入れに対して支払う利息の利率に違いがあるということ？」

お祖父ちゃん 「そうだよ」

未織ちゃん　「どうしてその違いが出てくるの？」

お祖父ちゃん「当然ながら、銀行等は預金者に利息を支払う。さらに行内の事務経費を賄うために、その分を上乗せした利率で会社に資金を貸す、つまり融資をする。このような感じだ」

と言って、以下の図を書きました。

### 銀行等の融資の利率

| | |
|---|---|
| 銀行内の事務経費 | 2％ |
| 預金者へ支払う利息 | 2％ |
| 合　計 | 4％ |

未織ちゃん　「ここにある利率の出どころは、何なの？」

お祖父ちゃん「この利率は、あくまでも架空のものだよ」

未織ちゃん　「つまり、銀行内の事務経費を上乗せする分、融資の利率は高くなるわけだ！」

お祖父ちゃん「そう、そのとおり」

お祖父ちゃん「これに対し社債の発行では、投資者に社

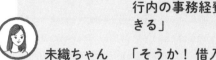

　　　　　　　　　　債を直接販売して資金を調達するので、銀
　　　　　　　　　　行内の事務経費の負担を回避することがで
　　　　　　　　　　きる」

未織ちゃん　　　「そうか！ 借入れの利率よりも社債の利率
　　　　　　　　　　の方が低くなるということか？」

お祖父ちゃん　「そのとおり。ただし、社債の発行、すな
　　　　　　　　　　わち投資者に社債を販売するにあたっては、
　　　　　　　　　　証券会社や投資銀行などの販売代理人を立
　　　　　　　　　　てるのが一般的だ」

未織ちゃん　　　「すると、代理人手数料の支払いが必要にな
　　　　　　　　　　るよね！ どっちが得になるのかな？」

お祖父ちゃん　「これらを考慮すると、調達期間が長いほど、
　　　　　　　　　　そして金額が多いほど、たとえ代理人手数
　　　　　　　　　　料を支払ったとしても、社債の発行による
　　　　　　　　　　調達の方が借入れよりもコストが安くなる
　　　　　　　　　　傾向にあるね」

未織ちゃん　　　「金額でいうと、どれくらいが分かれ目にな
　　　　　　　　　　るの？」

お祖父ちゃん　「一概に言えないけれど、大体、調達資金が
　　　　　　　　　　数十億円くらいを超えると社債の発行が有
　　　　　　　　　　利になるという意見もあるよ。ただし、そ
　　　　　　　　　　の金額を超える借入れをしている会社も、
　　　　　　　　　　少なからずある」

未織ちゃん　　　「えっ、どうして？ 借入れのほうはコスト
　　　　　　　　　　が高いのに、なぜ社債発行ではなく借入れ
　　　　　　　　　　をするの？」

お祖父ちゃん　「それは、直接金融と間接金融の利便性の違
　　　　　　　　　　いだろうね？」

未織ちゃん　「えっ、どういう事???」

お祖父ちゃん　「社債の発行というのは、投資者に直接社債を発行して資金を調達する行為だ。これは、言い換えれば、投資者に社債を販売すること、逆から見れば、投資者に社債を買ってもらって資金を調達することだ」

未織ちゃん　「会社としては社債を売りたくても、投資者が買ってくれないことには必要な資金を確保することができないっていうことだよね？」

お祖父ちゃん　「そう、投資者は著名な会社とか歴史のある会社の社債は安心して買う。しかし、そうでなければ購入に慎重になる」

未織ちゃん　「どうして？」

お祖父ちゃん　「社債への投資は、投資先の会社が破産したときに投資した資金を回収できなくなる**リスク**が高いので、投資者は購入に慎重になるのだよ」

未織ちゃん　「そうか！」

お祖父ちゃん　「社債が売れ残るというのは、会社が意図した資金を確保できなかったということになる」

未織ちゃん　「そうか。会社にしてみれば、社債を発行して売れ残るよりは、少々コストが高くとも確実に資金を確保できる借入れに重きを置くということか？」

お祖父ちゃん　「そう。そのとおり」

## （2）株式の発行と借入れ

未織ちゃん　「株式の発行によって調達した資金は返済の必要がないけれど、銀行等からの借入れで調達した資金は、期日には返済しなければならないよね？」

お祖父ちゃん　「そうだよ」

未織ちゃん　「じゃあ、返済の必要がない株式の発行による調達が有利だよね…？」

お祖父ちゃん　「いや、必ずしもそうではないよ」

未織ちゃん　「えっ、どうして？」

お祖父ちゃん　「その理由は、〝資金のコスト〟にある」

未織ちゃん　「資金のコスト???」

お祖父ちゃん　「資金のコストとは、資金提供者に対して会社が支払う利息や配当の金額のことだよ。株式を発行した場合は株主に配当を支払い、銀行等から借り入れた場合は利息を支払う」

未織ちゃん　「そうだよね！」

お祖父ちゃん　「その際の支払配当1円当たりの会社の負担額は、税制の関係上、支払利息1円当たりの**約1.4倍**になるのだよ」

未織ちゃん　「えっ、えええ??? そうすると、会社は、支払利息と同額の配当を支払おうとすると、1.4倍の利益を稼がなければならないの？」

お祖父ちゃん　「そうだ。もし計画しているプロジェクトか

ら得られる**投資利益率**が銀行等からの借入れの利率を上回ると予測される場合は、プロジェクトに必要な資金を借入れで調達するのも1つの選択肢になるのだよ」

未織ちゃん　「なるほど、よくわかった！」

## （3）資金の使途と調達方法

お祖父ちゃん　「さっき言ったように、資金の調達方法を考えるときは設備資金と運転資金に分けて考えるのが一般的だ」

未織ちゃん　「使途によって、資金の調達方法が異なってくるということだね？」

お祖父ちゃん　「そのとおり！」

未織ちゃん　「でも、どう異なるの？」

お祖父ちゃん　「生産設備や販売施設の取得には多額の資金を必要とする」

未織ちゃん　「頻度は少なくても、一度に多額の支出があるよね？」

お祖父ちゃん　「そう。会社は、購入した生産設備や販売施設を使用し、長期間にわたって物品やサービスを販売して代金を得て、設備や施設の購入資金を回収する」

未織ちゃん　「生産設備や販売施設の取得に使用した資金

を販売代金で回収するには、短いもので数年、長いものになると20年とか30年もの長い期間を要するのだよね！」

お祖父ちゃん 「そう。そのため、設備資金は直接金融である株式あるいは社債の発行で調達するのが望ましいとされている。間接金融による場合でも、返済期限が長い借入れが望ましいとされているのだ」

未織ちゃん 「納得です！」

お祖父ちゃん 「会社の長期的な財務安全性を測定する指標に**固定比率**がある」

未織ちゃん 「固定比率? それ何???」

お祖父ちゃん 「固定比率は、生産設備等の固定資産が株主の出資金額である資本金と会社が自ら稼いだ繰越利益剰余金でまかなわれている割合を示す指標で、以下の算式で表される」

と言って、以下の算式を書きました。

$$固定比率 = \frac{固定資産}{純資産}$$

未織ちゃん 「これは、どう見るの?」

お祖父ちゃん 「この比率が100%以下ならば、固定資産は

すべて返済の必要がない株主の出資金と会社が自ら稼得した利益で調達しているので、借入金の返済に悩まされる危険性が小さいことを表している」

未織ちゃん 「すると、固定比率は100%以下が望ましいということだね？」

お祖父ちゃん 「そのとおり」

お祖父ちゃん 「これに対し、運転資金は1～2か月で回収できる」

未織ちゃん 「そうだったね！」

お祖父ちゃん 「そのため、給料の支払い、原材料の購入代金、販売や管理用の物品やサービスの購入代金の支払いに充てる資金は、短期の借入れで調達する例が多くみられる」

未織ちゃん 「そうなの？ でも、短期の借入れだと、すぐに返済期限が到来してしまう。期限に返済したら、またすぐに**資金不足**になってしまうよね」

お祖父ちゃん 「通常は、短期借入れの期限が到来するごとに、新たな借入れを繰り返していく。これを〝**借換え**〟という。そうやって継続的に資金を確保するわけだね！」

未織ちゃん 「でもそれなら、いっそ、長期の借入れをすれば手間がかからなくて、いいんじゃない？」

お祖父ちゃん 「確かに、短期の借入れを繰り返していくのは手間だね。でも、それにはちゃんとした理由があるのだよ」

未織ちゃん　　「えっ、どのような理由があるの？」

お祖父ちゃん　**「長期借入金の利率は短期借入金の利率より
　　　　　　　も高いのが一般的なのだ」**

未織ちゃん　　「どうして長期借入金の利率のほうが高
　　　　　　　いの？」

お祖父ちゃん　「融資する銀行等にしてみれば、融資先の会
　　　　　　　社の遠い将来の業績を見極めるのは極めて
　　　　　　　困難だ。業績が悪化すると融資が回収でき
　　　　　　　なくなり、損失を被るリスクがある。それで、
　　　　　　　そのリスクをカバーするために長期の融資
　　　　　　　に対しては高い利率を提示するのだよ」

未織ちゃん　　「納得！」

お祖父ちゃん　「一時的に多額の資金が必要になる従業員の
　　　　　　　ボーナスや税金の支払資金も短期の借入れ
　　　　　　　で調達する例が多くみられよ」

未織ちゃん　　「了解です！」

## 4. 資金調達のタイミング

お祖父ちゃん　「設備資金は株式や社債の発行で確保するの
　　　　　　　が一般的だが、いつでも発行できるわけで
　　　　　　　はない」

未織ちゃん　　「えっ、いつでも発行できるのじゃないの？」

お祖父ちゃん 「やろうと思えばいつでも発行することはできるが、有利な条件で発行するためには、その**タイミング**というものがあるのだ」

未織ちゃん 「有利な条件で発行するタイミング？具体的に教えて？」

## （1）株式発行

お祖父ちゃん 「会社が株式を発行する際は、**1株何円という価格**で発行する。会社は、この価格に**発行株式数を乗じた金額**を手に入れることができる」

未織ちゃん 「つまり、発行する株式数が同じでも、1株当たりの価格が高いほど、会社が手にする資金の額は多くなるということだよね？」

お祖父ちゃん 「そう、だから会社は、できるだけ高い価格で株式を発行しようとするのだ」

未織ちゃん 「うん」

お祖父ちゃん 「しかし、石油資源を豊富に有する国で戦争が起きて、石油取引の制限が予想されるような場合は、石油価格の上昇が懸念される」

未織ちゃん 「すると、多くの企業では生産コストが上昇し、逆に業績は下降すると予想されるね！」

お祖父ちゃん 「このような状況下では、株式市場も冷え込

んで、多くの会社の株式価格は下落してしまうのが通例なのだ」

未織ちゃん　「多くの会社の株式価格が下落している中で株式を発行しても、高い価格で発行することは望めないよね！」

お祖父ちゃん　「そう。だからこのような場合は、株式市場が回復するまで、株式の発行を延期するのが一般的だ」

未織ちゃん　「でも、どうしてもすぐに資金が必要な場合は、どうするの？」

お祖父ちゃん　「その場合は、一時的に銀行から借入れをするか、それを避けたいのなら株式を低い価格で発行せざるを得ない。そうすると、必要な資金を確保するために発行株式数を増やさなければならなくなる」

未織ちゃん　「すると、どうなるの？」

お祖父ちゃん　「発行株式数が増える結果、将来の配当の支払負担が増すことになる」

未織ちゃん　「将来的に、配当の支払いが大変なるということ？」

お祖父ちゃん　「そういうことだ」

## （2）社債発行

未織ちゃん　　「社債発行のタイミングもあるのかな？」

お祖父ちゃん　「社債を発行して資金を調達する場合は、投資家に対して社債の利率を提示する」

未織ちゃん　　「その利率に魅力があれば、社債を買ってくれる投資者が大勢いるというこだね？」

お祖父ちゃん　「そうだ。でも、提示した利率が**金融市場**の利率よりも低い場合、投資者は社債に魅力を感じない」

未織ちゃん　　「金融市場って何 ???」

お祖父ちゃん　「金融市場と言うのは、**金融取引**が行われる市場のことだよ」

未織ちゃん　　「金融取引って、具体的にどういうこと？」

お祖父ちゃん　「金融取引は**資金取引**とも言うけれど、利息を支払って資金を貸し借りすることだよ」

未織ちゃん　　「じゃあ、社債の発行も金融市場の一部なの？」

お祖父ちゃん　「そうだよ、金融市場は**長期**と**短期**に分けられる。社債や株式の取引が行われる市場は**証券市場**とも呼ばれるけれど、この市場は長期金融市場だよ」

未織ちゃん　　「長期とか、短期というのは、どういう区分なの？」

お祖父ちゃん　「取引期間が**1年以上**の金融取引が行われる市場が**長期金融市場**、**1年以内**の金融取引

　　　　　　　　　　　　が行われる市場が**短期金融市場**だよ」

未織ちゃん　　「そうなんだ」

お祖父ちゃん　「もし資金の貸し借りの市場の利率の方が社債の利率よりも高ければ、社債を購入するよりも資金の貸し借りの市場へ資金を廻したほうが受け取る利息は多くなる」

未織ちゃん　　「金融市場の利率よりも低い利率の社債を買う投資家はいないということだね？」

お祖父ちゃん　「そのとおり」

未織ちゃん　　「それでも資金が必要な場合は、どうするの？」

お祖父ちゃん　「それでも社債を発行する会社は、**値引き**して販売するんだよ」

未織ちゃん　　「値引きして販売するって、どういうこと？」

お祖父ちゃん　「値引販売というのは、例えば、10,000 円の社債を 9,800 円で売り出すことだよ」

未織ちゃん　　「すると、どうなるの？」

お祖父ちゃん　「この意味は、会社は、社債の発行で 9,800 円の資金を調達して、償還時には 10,000 円を投資家に返済するということだよ」

未織ちゃん　　「すると会社は、この差額の 200 円を損するということ？」

お祖父ちゃん　「この差額は、会社の損というよりは、社債の利率と金融市場の利率を調整する役目を負った利息の性質を持つものだ」

未織ちゃん　　「そうなんだ」

お祖父ちゃん　「会社が 9,800 円ではなく 10,000 円を得た
　　　　　　　いと考える場合は、金融市場が落ち着いて、
　　　　　　　市場の利率が社債の利率に近づくまで、社
　　　　　　　債の発行を延期するのが一般的だよ」

未織ちゃん　　「了解！」

# 疑問 8
# 資金調達の発展段階？

**資** 金の調達方法を知った未織ちゃんですが、できたばかりの会社に出資してくれる人などいるのか、銀行等は貸してくれるのかと、心配になっています。

| | |
|---|---|
| 未織ちゃん | 「お祖父ちゃん、会社に出資してくれる人とか、貸してくれる銀行等は、簡単には見つかるものなの？」 |
| お祖父ちゃん | 「いや、そう簡単じゃないよ。できたばかりの会社に出資する人や、貸してくれる銀行等は、なかなか見つからないのが現実だよ」 |
| 未織ちゃん | 「じゃあ、できたばかりの会社は、どうやって必要な運転資金を確保するの？」 |
| お祖父ちゃん | 「実は、株主の出資や借入れには**発展段階**というのがあるのだ」 |
| 未織ちゃん | 「発展段階！ それ何 ???」 |

## 1. 株主出資の発展段階

お祖父ちゃん　「まず株主の出資から見てみよう」

と言って、次の順番をホワイトボードに書きました。

① 起業する人が自分の貯蓄を会社の資金として拠出する

② 親や親戚、友人等に資金を拠出してもらう

③ エンジェルと呼ばれる個人投資家やベンチャー・キャピタルと呼ばれる機関投資家等の特定の出資者に資金を拠出してもらう

④ 株式を証券取引所に上場して、不特定多数の人に資金を拠出してもらう

未織ちゃん　　「これが出資の発展段階なの？」

お祖父ちゃん「そうだよ。株主の出資は①から順番に発展していく、言い換えれば、株主の人数が増えていくのだ」

未織ちゃん　　「最初は、自分の貯蓄を取り崩して会社に出資するのか？」

お祖父ちゃん「出資してくれる人が誰もいない設立段階では、自分でなんとかするしかない、という

ことだね」

未織ちゃん 「そうだよね。自分で何とかするしかないよね！」

お祖父ちゃん 「だから起業を考えている人は、最初の数か月間の運転資金をまかなえるくらいの貯蓄をしておく必要があるということだ。その期間を乗り越えれば、やがて事業が有望であることを知った**親や親せき、友人**なども資金の拠出に応じてくれるようになる」

未織ちゃん 「自分の頑張りを周りの人も見ているということだね！」

お祖父ちゃん 「そうだね。そして、販売する商品やサービスが社会に受け入れられるもので、社会生活を豊かにすることが明らかになると、数千万円から数億円規模の出資に応えてくれる**エンジェルやベンチャー・キャピタル**が現れる」

未織ちゃん 「ひぇ〜、すごい金額だね！」

お祖父ちゃん 「そして最後が**証券取引所への上場**ということになる。初めて証券取引所に上場することを**新規株式公開あるいは IPO** というのだよ」

未織ちゃん 「新規株式公開には、準備がいるの？」

お祖父ちゃん 「新規株式公開をする会社は、それにふさわしい経営体制を整備し、定期的に経営の状況を不特定多数の株主等に報告する体制を整備しなければならない」

未織ちゃん 「大変そうだね！」

お祖父ちゃん　「そうだね。経営体制の整備や定期的な経営状況の報告には、当然、コストがかかる」

未織ちゃん　「そうか」

お祖父ちゃん　「経営体制の整備は事業規模の拡大や事業内容の変化に合わせて継続しなければならないし、定期的な経営状況の報告は毎年やらなければならない。そのためのコストも、毎年発生する」

未織ちゃん　「大変だね！」

お祖父ちゃん　「だから経営者は、資金調達が容易になるとか、会社の知名度が上がるなどと安易に考えるのではなく、コストとメリットを勘案して新規株式公開をするか否かを決定する必要があるのだよ」

未織ちゃん　「なるほど。了解です」

## 2. 借入れの発展段階

未織ちゃん　「借入れの場合はどうなの？」

お祖父ちゃん　「借入れの場合も、設立直後の会社にいきなり資金を貸してくれる銀行等は、非常に限られる」

未織ちゃん　　「そうすると、**親や親戚、友人**など、知っている人から借りるしか、ないということ？」

お祖父ちゃん　「そうだね。だから親や親戚、友人は大切にしておかなければならないよ！」

未織ちゃん　　「そうだね。ところで、銀行等がお金を貸してくれるようになるのは、いつ頃？」

お祖父ちゃん　「起業した会社の有望性が**エンジェル**や**ベンチャー・キャピタル**の目に留まって、彼らが出資に応じた頃だね。この段階になると、銀行も起業した会社の**将来性**や事業の**採算性**を高く評価するようになる」

未織ちゃん　　「それよりも早く貸してくれるところはないの？」

お祖父ちゃん　「もちろん、**会社の信用度**を審査する能力が高い銀行や新しい技術やサービス等への理解がある銀行は、早い段階から融資に応じることがあるよ」

未織ちゃん　　「銀行と仲良くしておくことも大切だね！」

お祖父ちゃん　「そういうことだね。銀行に知り合いがいるなら、仲良くしておくことだね。そして自分の会社の商品やサービスの有望性を、日ごろから説明しておくことを忘れないようにね！」

## 3. 起業時の資金調達

**株**主の出資や借入れには発展段階があることはわかったが、起業時には自分のお金を拠出するとしても、他の人や銀行に出資や融資を頼むときはどうすればよいのか、疑問を持った未織ちゃんです。

未織ちゃん 「お祖父ちゃん、他の人に出資や融資を依頼するときは、どうすればいいの？」

お祖父ちゃん 「そうだね、出資をする人や融資をする銀行等は、お金は回収できるかとか、配当や利息は確実にもらえるか、などに関心を持っているから、いろいろと質問するだろうね」

未織ちゃん 「その質問に備えて、どのような準備をすればいいの？」

お祖父ちゃん 「じゃあ、資金調達に備えた**事業の企画書**の作り方を説明しよう」

未織ちゃん 「事業の企画書ってな～に ???」

お祖父ちゃん 「このような事業をやりたいが、それにはこれくらいの資金が必要だから、出資、もしくは融資をお願いしますという事業の説明書だよ。それだけじゃなく、どれくらい儲かるのか、配当や利息の支払いは確実に実施できるか、などの説明も必要だよ」

未織ちゃん 「そうなんだ！」

お祖父ちゃん 「今、会計システムのクラウドサービスを

提供するために1年前に設立された会社があるとしよう。会社の決算日は12月31日だよ」

未織ちゃん　「1年前にできた会社なのね」

お祖父ちゃん　「そう、現在の従業員は創立者で社長、その奥さん、社長の大学時代の同級生の3人だ」

未織ちゃん　「こぢんまりだね！」

お祖父ちゃん　「ま、最初はみな、このようなものだ」

未織ちゃん　「そうなんだ！」

お祖父ちゃん　「1年たってシステム開発が一段落し、サービス提供の目処がついたので、事業を拡大するために資金提供者を募ることにした、としよう」

未織ちゃん　「いよいよだね。どんな準備が必要なのか、わくわくするよ！」

お祖父ちゃん　「資金提供者を募るために作るのが企画書だ。企画書では事業の内容、採算性、予想貸借対照表と予想損益計算書などを網羅する」

未織ちゃん　「もっと具体的に教えて？」

お祖父ちゃん　「事業内容の説明では、このような内容を記述するのだよ」

と言って、以下の内容をホワイトボードに書きました。

（事業内容）

会計処理のクラウドサービス。
サービスを利用すれば、顧客は自動で財務諸表や税務申告書を作成することができる。会社の従業員は、もっぱら顧客の要望に応じて、システムの改良に従事する。

| | |
|---|---|
| 未織ちゃん | 「会社は、顧客が利用するITシステムを提供し、会社の従業員はもっぱらITシステムの改良に従事するということだね？」 |
| お祖父ちゃん | 「そうだ。会社が提供するサービスの内容や、システムを利用する顧客のメリットについて、もっと詳しい説明があってもいいね」 |
| 未織ちゃん | 「なるほど。じゃ、採算性の説明はどうなるの？」 |
| お祖父ちゃん | 「これが採算性の説明の例だよ」 |

と言って、以下を書きます。

（採算性）

顧客が増えれば増えるほど売上は伸びる。システムの改良に従事する従業員の人件費（売上原価）の発生は固定的で、売上の伸びに伴って増える金額は限られる。したがって、売上の伸びに伴って、それ以上に利益が増えていく事業構造である。

未織ちゃん　「顧客が増えれば売上が伸びるというのは
　　　　　　わかるけど、システムの改良に従事する従
　　　　　　業員の人件費の発生は固定的ってどういう
　　　　　　こと？」

お祖父ちゃん　「サービスを提供するシステムは、継続的に
　　　　　　改良を加えなければならない。その改良に
　　　　　　従事するのは従業員だ。従業員を雇えば給
　　　　　　料を支払わなければならない」

未織ちゃん　「そうだね」

お祖父ちゃん　「しかし、会社が提供するシステムは1つ
　　　　　　だ。顧客ごとに別々のシステムを提供する
　　　　　　わけではない。顧客が1,000人の場合も、
　　　　　　10,000人の場合も1つのシステムを改良す
　　　　　　ればよい」

未織ちゃん　「顧客の増加に比例して従業員を増やす必要
　　　　　　はないというわけだね？」

お祖父ちゃん　「そのとおりだ。だから、従業員に支払う給
　　　　　　料であるシステム改良費は顧客の増加ほど
　　　　　　に増えることはないということだ」

未織ちゃん　「だから、固定的ということか？」

お祖父ちゃん　「そうだよ」

未織ちゃん　「じゃあ、〝売上の伸びに伴って、それ以上
　　　　　　に利益が増えていく〟というのはどういう
　　　　　　こと？」

お祖父ちゃん　「いま、売上高が200万円で、売上原価で
　　　　　　あるシステム改良費が100万円、その他の
　　　　　　費用がないとすると、利益はいくらになる

と思う？」

| 未織ちゃん | 「利益は、売上高200万円から売上原価100万円を控除したものだから、100万円になる。そうでしょう？」 |

| お祖父ちゃん | 「そうだね。じゃ次だ。顧客が増えて売上高が10倍の1,000万円になったとしよう。これに対して売上原価であるシステム改良費は2倍の200万円になったとしたら、利益はいくらになる？」 |

| 未織ちゃん | 「売上高1,000万円から売上原価200万円を控除するから、…800万円だね？」 |

| お祖父ちゃん | 「売上高は200万円から1,000万円へ5倍に増えた。これに対し利益は100万円から800万円へ8倍に増えたよね？」 |

| 未織ちゃん | 「売上高の伸び以上に利益が増えているね。これが〝売上の伸びに伴って、それ以上に利益が増えていく〟という意味か？」 |

| お祖父ちゃん | 「そう、そのとおり」 |

| 未織ちゃん | 「予想貸借対照表や予想損益計算書はどういうものなの？」 |

| お祖父ちゃん | 「まず、予想貸借対照表だが、これがその例だよ」 |

と言って、以下を書きます。

（予想貸借対照表 – 単位：千円）

| | 2022年 | 2023年 | | 2022年 | 2023年 |
|---|---|---|---|---|---|
| 現　金 | 500 | 108,000 | 借入金 | | 100,000 |
| PC等 | 500 | 10,000 | その他 | | |
| 事務所内装 | | 5,000 | 資本金 | 3,000 | 23,000 |
| その他 | | 5,000 | 繰越剰余金 | (2,000) | 5,000 |
| | 1,000 | 128,000 | | 1,000 | 128,000 |

2023年初めの予定
　借入金：取引銀行より、年4％の利率で1億円、期間5年
　株式発行：1株1,000円で、2万株

未織ちゃん　　「これはどう見るの？」

お祖父ちゃん　「2022年と2023年を比較するのだよ。2022年の資本金は3,000千円で、資産は現金500千円とPC等が500千円だけだね」

未織ちゃん　　「そうだね。だけれど、2023年はずいぶん金額が大きくなっているよ？」

お祖父ちゃん　「そうだね。まず、資本金が3,000千円から23,000千円になっている」

未織ちゃん　　「そうだね。でもどうして？」

お祖父ちゃん　「欄外にあるように、2023年の初めに1株1,000円で2万株を発行する予定だね。株式を発行するというのは、株主からこの金

額の出資を受けるということだよ」

未織ちゃん 「1株1,000円かける20,000株で、合計20,000千円の出資を受けるということなの?」

お祖父ちゃん 「そう、だから2023年の資本金は、2022年よりも20,000千円増えて23,000千円なっている」

未織ちゃん 「なるほど。2023年は100,000千円の借入金もあるね?」

お祖父ちゃん 「そうだね。これも欄外にあるように、2023年の初めに取引銀行から利率は年4%で、期間5年の予定で、100,000千円を借りる予定ということだ」

未織ちゃん 「だけど、会社が予定しているように、本当に株主や取引銀行は資金を出してくれるのかな?」

お祖父ちゃん 「当然、株主は配当をいくら受け取れるか、株式は転売できるのか、株式の価格は上昇するのか、などを検討したうえで、出資するかどうかを決定する」

未織ちゃん 「ふ〜ん。じゃ、取引銀行は、どんなことを検討するの?」

お祖父ちゃん 「借りた資金を何に使うのか、それが有意義な使い方か、利息は支払ってもらえるのか、5年後に融資した資金を返済してもらえるか、などを検討して、融資するかどうかを決定するよ」

未織ちゃん 「うまく出資を受け、融資を受けるコツは何?」

> お祖父ちゃん　「それは言うまでもなく、株主や取引銀行が
> 　　　　　　　関心を持っていること、言いかえれば検討
> 　　　　　　　することに対して、納得いく十分な説明を
> 　　　　　　　することだね」
>
> 未織ちゃん　　「そうか」
>
> お祖父ちゃん　「次は、予想損益計算書だ。これが予想損益
> 　　　　　　　計算書の例だよ」

と言って、以下を書きます。

### （予想損益計算書 – 単位：千円）

| | 2022年 | 2023年 | 2024年 | 2025年 | 2026年 | 2027年 |
|---|---|---|---|---|---|---|
| 売上高 | 0 | 25,000 | 60,000 | 120,000 | 200,000 | 400,000 |
| 売上原価 | 2,000 | 4,000 | 6,000 | 10,000 | 20,000 | 30,000 |
| 売上総利益 | (2,000) | 21,000 | 54,000 | 110,000 | 180,000 | 370,000 |
| 販売・管理費 | 0 | 10,000 | 30,000 | 40,000 | 50,000 | 60,000 |
| 支払利息 | 0 | 4,000 | 4,000 | 4,000 | 4,000 | 4,000 |
| 税引前利益 | (2,000) | 7,000 | 20,000 | 66,000 | 126,000 | 306,000 |
| 法人税等 | 0 | 0 | 7,000 | 25,000 | 40,000 | 100,000 |
| 当期利益 | (2,000) | 7,000 | 13,000 | 41,000 | 86,000 | 206,000 |
| 支払配当 | | 0 | 2,300 | 4,600 | 4,600 | 4,600 |

> 未織ちゃん　　「これはどう見るの???」
>
> お祖父ちゃん　「2023年から本格的に事業を開始するのだ

から、2023年以降の売上高、売上原価などの項目ごとに、年度比較を行うといいよ」

未織ちゃん　「支払利息を除いて、どの項目も、毎年増えているね」

お祖父ちゃん　「取引銀行からの借入額に変化がない限り、支払利息の額は変わらないからね。そのほかの項目の2023年と2027年の数字を比較して、何かわかることはないかな？」

未織ちゃん　「売上高は25,000千円から400,000千円に16倍に増えているけれど、売上原価は4,000千円から30,000千円に7.5倍しか増えていないよ」

お祖父ちゃん　「売上総利益はどうだい？」

未織ちゃん　「21,000万円から370,000千円に17.6倍に増えているよ」

お祖父ちゃん　「販売・管理費はどうだい？」

未織ちゃん　「10,000千円から60,000千円に6倍しか増えていないよ」

お祖父ちゃん　「法人税等を控除した後の当期利益はどうかな？」

未織ちゃん　「当期利益は7,000千円から206,000千円に29.4倍に増えているよ」

お祖父ちゃん　「売上高は16倍に増えたのに対し、当期利益は29.4倍に増えているということだね」

未織ちゃん　「これが採算性の説明の箇所にあった〝売上の伸びに伴って、それ以上に利益が増えて

いく事業構造である〟という意味だね？」

お祖父ちゃん 「そのとおりだ」

未織ちゃん 「2023年以降は毎年利益があるし、5年後の2027年の当期利益は200,000千円を超える。2023年初めに取引銀行から借りた100,000千円は5年後には十分に返済できるね」

お祖父ちゃん 「借入金の利息も毎年4,000千円支払っているし、欄外にあるように2024年の支払配当は資本金23,000万円の10%の2,300千円、2025年以降は資本金の20%の4,600千円になっているね」

未織ちゃん 「2023年の支払配当はないの？」

お祖父ちゃん 「配当は、前年の当期利益に基づいて年始めに支払う。2022年度の当期利益はマイナス2,000千円だから、2023年の配当はない。最初の配当は、2023年の当期利益7,000千円に基づいて、2024年の始めに2,300千円を支払うということだね」

未織ちゃん 「そうなんだ」

お祖父ちゃん 「この予想損益計算書のとおりに事業が進むのであれば、株主や取引銀行は、安心して資金を拠出するだろうね」

未織ちゃん 「予想損益計算書のとおりに事業が進んでいることを、どうやって株主や取引銀行に知らせるの？」

お祖父ちゃん 「会社は、毎年、貸借対照表や損益計算書などで構成する財務諸表を作成して、それを

株主や取引銀行に公表するのだよ」

未織ちゃん 「うん、納得です」

## 4. 起業後に大きな資金が 必要になるとき

お祖父ちゃん 「**図表8**の資金の流入と流出のところでも言ったけれど、起業後は物品やサービスの販売で獲得した資金で給料の支払いや原材料、物品やサービスの購入代金、生産設備等の購入代金をまかなうのが健全な会社の姿だよ」

未織ちゃん 「なるほど！」

お祖父ちゃん 「しかし、健全な経営をしている会社でも、株式や社債の発行、銀行等からの借入れで資金を調達しなければならない場合がある」

未織ちゃん 「どんな場合？」

# （1）事業拡大時

お祖父ちゃん 「まず、事業拡大時だ」

未織ちゃん 「事業拡大時？」

お祖父ちゃん 「そう、事業を拡大するときは、大きな資金を必要とする。新規事業に進出する場合などにも、大きな資金を必要とする」

未織ちゃん 「事業拡大時って、具体的に、どんな時期なの？」

お祖父ちゃん 「起業後において、生産する物品やサービスの認知度が拡がり、それに対する顧客のニーズが高まった時が事業を拡大するチャンスだよ」

未織ちゃん 「その時は、どんなことをするの？」

お祖父ちゃん 「チャンスが到来したら、物品やサービスの生産能力を増強する、事業所の数を増やす、営業活動を担う従業員を増やすなど、生産設備や販売施設の拡充を遅滞なく実行する」

未織ちゃん 「生産設備や販売施設の拡充には、多額の資金を必要とするよね？」

お祖父ちゃん 「そうだね。それまでに獲得した利益で必要な資金を賄えればよいが、足りない場合は株式や社債の発行、銀行等からの借入れで必要な資金を確保する必要がある」

未織ちゃん 「そうか、納得！」

## （2）非常時

お祖父ちゃん 「会社は、非常時にも大きな資金を必要とする」

未織ちゃん 「非常時って、どのような時なの？」

お祖父ちゃん 「非常時とは、災害や感染症の発生、大規模な金融危機などで、社会全体の経済活動が停滞する時だよ」

未織ちゃん 「そんな時は社会全体が混乱し、企業の生産活動もままならないよね？」

お祖父ちゃん 「そうだね。そのような場合は、業績に大打撃を受けることがある」

未織ちゃん 「それでも、従業員の給料の支払いや生産設備のメンテナンスなどは止めることができないよね？」

お祖父ちゃん 「そうだね。そのような企業では、人手不足の業界の会社へ従業員を出向させたり、経済性が悪くメンテンスにコストがかかる生産設備を売却したりして、経費の圧縮に努めるのだよ」

未織ちゃん 「当然、設備投資は延期されるよね？」

お祖父ちゃん 「そうだね。株主への配当の支払いも、もちろん中止される」

未織ちゃん 「それでも、物品やサービスの販売代金で必要な資金を稼得するのが困難な場合は、どうするの？」

お祖父ちゃん　「不足する資金をカバーするために、株式の
　　　　　　　発行や長期の借入れで資金を確保しなけれ
　　　　　　　ばならない」

未織ちゃん　　「了解です」

## 疑問 9
## 会計の役割？

**会**社が調達する資金についてはわかったけれど、資金の調達と会計はどのような関係にあるのか、未だ十分に理解できない未織ちゃんです。

## 1. 資金調達のステップ

未織ちゃん 「会社が調達する資金については大体わかったけれど、それと会計はどのような関係にあるの？」

お祖父ちゃん 「これまで見てきたように、起業して生産活動を始めようとする人は、当初、自分の貯蓄や親族・友人から調達した資金をもとに活動を開始する」

未織ちゃん 「この資金は、身内から調達した資金だね？」

お祖父ちゃん 「そうだ。生産規模が拡大し多くの資金が必要になると、銀行などの金融機関から借りたり、事業に賛同する人から出資を受けたりして、必要な資金を調達するようになる」

未織ちゃん 「するとこれは、外部から調達した資金

だね？」

お祖父ちゃん 「資金を外部から調達しようとする会社の経営者は、**事業の企画書を作成し**、資金を必要とする理由、事業内容と採算性などを潜在的な資金提供者である投資者や銀行等に説明するのだよ」

未織ちゃん 「説明を聞いて事業に賛同する投資者や銀行等は、会社に資金を提供するわけだね？」

お祖父ちゃん 「そのとおり。会社に資金を提供する投資者や銀行等は、見返りに**株式**や**社債**、お金の**返還請求権**を取得する」

未織ちゃん 「当然だよね。何も見返りがないのに資金を提供する理由はないもの！」

## 2. 資金提供者の関心事

お祖父ちゃん 「株式を取得した株主や社債を入手した社債保有者、銀行等は、配当や利息は受け取れるか、出資金は戻ってくるか、提供した資金は返済されるか、株式は出資金額よりも高い金額で転売できるか、などに関心を持っている」

未織ちゃん 「資金を手にした会社の経営者は事業に必要

な投資をするだろうけど、事業が成功する
保証はないよね？」

お祖父ちゃん　「そう、まったくない。もし事業が失敗する
　　　　　　　と、株主や銀行等は配当や利息を受け取れ
　　　　　　　ないだけでなく、提供した資金の回収もで
　　　　　　　きなくなってしまう**リスク**を負っている」

未織ちゃん　「事業が成功するかどうか、心配だろうね！」

お祖父ちゃん　「そうだね。まぁ、そんなわけで、株主や社
　　　　　　　債保有者、銀行等は資金提供先である会社
　　　　　　　の経営の状況、特に利益の獲得状況と資金
　　　　　　　の返済能力に無関心ではいられないのだよ」

未織ちゃん　「そうだね！」

お祖父ちゃん　「この利益の獲得状況と資金の返済能力を初
　　　　　　　めとする会社の財務に関する情報は**企業会
　　　　　　　計**によって生み出される」

未織ちゃん　「企業会計で生み出された情報は貸借対照表、
　　　　　　　損益計算書などで構成する財務諸表で公表
　　　　　　　されるのだよね？」

お祖父ちゃん　「そのとおりだ」

## 3. 情報の利用

お祖父ちゃん　「株主や銀行等は、会社が公表する財務諸表に表示された情報にもとづいて会社が稼いだ利益の額とその獲得過程、資産や負債の状況等を把握することができる」

未織ちゃん　「株主や銀行等は、この情報をどのように利用するの？」

お祖父ちゃん　「株主は受け取る配当の額を知り、証券取引所で株式を売却するタイミングや追加の出資要請に応じるか、などを判断することができる」

未織ちゃん　「社債保有者や銀行等は？」

お祖父ちゃん　「社債保有者は利息を確実に受け取れるかを知り、社債を売却するタイミングなどを判断することができる。銀行等は利息を受け取れるか否かを知り、貸付けを継続するか、それとも中止するか、追加の貸付要請に応じるか、などを決定することができる」

未織ちゃん　「財務諸表の情報は、様々な人の、様々な意思決定に利用されているのだね？」

お祖父ちゃん　「そうだよ。財務諸表の情報があることによって株主や社債保有者、銀行等は資金の供給を継続するか否かを自分の意思で判断することができるのだ」

未織ちゃん　「自分の判断で決定できるというのは大事

だね！」

お祖父ちゃん 「そうだね。財務に関する情報を外部に公表する企業会計の仕組みが存在することで、株主や社債保有者、銀行等は安心して会社に資金を提供することができるのだよ」

## 4. 資本と事業の結合

未織ちゃん 「この仕組みは、会社にとってもメリットがあるわけだね」

お祖父ちゃん 「会社は、社会に潜在する多額の資金を集めて事業を営み、社会に役立つ物品やサービスを生産し、社会に提供することができるようになる」

未織ちゃん 「すると、企業会計は、社会の資本と会社の事業を結びつけ、私たちの生活を豊かにする機能があるということだよね？」

お祖父ちゃん 「そのとおりだよ」

納得してうなずく未織ちゃんです。

## おわりに

　会社の生産活動の仕組み、それに伴う資金の流れ、資金調達の考え方と方法、それらを記録する会計の役割を知った未織ちゃんは、俄然、起業に興味を持ち始めました。

　自分が関心を持っているものの中から、これからの社会に役立つ物品やサービスを探し始めました。

著者プロフィール

## 土田 義憲（つちだ よしのり）

著述業、公認会計士
新日本監査法人シニアパートナー、
国際教養大学客員教授を経て、現職

【主な著書】

『会計思考で理解する
会社のお金の流れと管理』(ロギカ書房)

『会計思考で不正取引を
発見・防止するための本』(ロギカ書房)

『会計思考で成長する若手社員
入社5年目 秋山君の挑戦』(ロギカ書房)

『実践ビジネス・リスク・マネジメント』(大蔵財務協会)

『内部統制の実務』(中央経済社)

『財務報告に係る内部統制』(中央経済社)

『取締役・監査役の内部統制』(中央経済社)

『内部監査の実務』(中央経済社)

『税務調査で使える内部統制のつくり方』(中央経済社)

## 君たち中学生・高校生が学ぶ会計

発行日　2023年3月20日

著　者　土田義憲

発行者　橋詰 守

発行所　株式会社 ロギカ書房
　　　　〒101-0052
　　　　東京都千代田区神田小川町2丁目8番地
　　　　進盛ビル303
　　　　Tel 03（5244）5143
　　　　Fax 03（5244）5144
　　　　http://logicashobo.co.jp

印刷所　モリモト印刷株式会社